心に溜まったモヤモヤが晴れてくる！
アサーティブの魔法
Assertive magic

なぜ、身近な関係ほどこじれやすいのか？

アサーティブジャパン代表
森田 汐生
Morita Shiomu

青春出版社

はじめに

身近な人間関係の不満は、日々の生活の中で少しずつたまっていきがちです。お互いの性格や考え方はわかっていると思い、「言わなくてもわかるはず」「これくらい察してよ」と考えて、伝える努力をしなくなっていきます。

確かに、「言わなくても済むことも数多くありますが、「正直に感じたこと」を言葉にしないままでいると、いくつもの小さな不満の種が重なって、相手との関係をこじらせる原因になってしまうのです。

小さな不満であれば、ちょっとした話し合いの時間を持つことで乗り越えられます。しかし、大爆発をしてからの関係修繕には、時間もエネルギーもかかります。時にはお互いに傷つけ合うことになったり、恨みや怒りをため込んで、関係がさらに悪化することにもなりかねません。

身近な人間関係が悪化したとき、相手をどう理解し、将来に向けて自分の気持ちに折り合いをつけていくことができるのでしょうか。

関係の修復を図るには、私たち自身は何をすればよいのでしょうか。

本書では人間関係、特に、身近な関係の中でどのようにお互いに信頼を築いていくのかというテーマを取り上げます。

身近な人間関係では、関係の期間が長いために、地雷がそこここに埋まっていることが多いもの。だからこそ、たとえきっかけがささいなことであっても、こじれてしまいやすいのです。

その地雷を踏むことなく、お互いが納得できる地点に到達することはできるのでしょうか。どちらが正しいかのいがみ合いをするのではなく、本当にお互いのためを思って、お互いを大切にした関係を作ることは可能なのでしょうか。

私はこれまで「アサーティブ」という、対人関係のコミュニケーションスキルとその考え方を教える仕事を長くしてきました。「アサーティブ」とは、「自分が考え

ること、感じること、希望していることを、自分も相手も尊重したやり方で表現する手法」です。

20年以上にわたる実践の中で、おそらく数千人、もしかすると1万人を超える人たちの、日常の人間関係の困りごとや悩みのストーリーを聞いてきました。

「伝え方」を工夫することで、相手への伝わり方は変わります。アサーティブなテクニックを使うことで、自分の言いたいことは確かに「伝わる」ようになる。

でも、「伝わる」ようになることが、アサーティブの目的ではありません。

コミュニケーションを変えていくことで、手に入れたいもの――相手とのより豊かな関係を築くこと、そして自分自身が幸せに生きられること。

それが、「アサーティブに伝える」ことの根本にあります。

家族や友人と長く良好な人間関係を維持するのは、簡単なことではありません。地道な努力が必要で、面倒くさいこともたくさんあります。手っ取り早く幸福感を得る方法は、世の中にあふれていますから、面倒な人間関係は切ってしまったほうがよいと答える人もたくさんいます。

しかし、本当にそうなのでしょうか。

面倒くさいことを排除することで、私たちは幸せになれるのでしょうか。

アメリカのハーバード・メディカル・スクールのロバート・ウォールディンガー教授は、75年にわたる人々の追跡調査から、「私たちを健康に幸福にするのは、よい人間関係に尽きる」と述べています。

彼は次のように言います。

「幸せになった人は、複雑に込み入っている人間関係をうまく維持し、そのために努力をしている人たちだった。面倒くさいかもしれないが、そのような良質な人間関係を常に自分の周りに形成している人たち、本当に頼りになる人間関係、信頼できる家族や友人、コミュニティを自分の周りに形成している人たちが、人生をもっとも幸せに過ごしてきた人たちだったのだ」と。

複雑で面倒くさい人間関係の中に、私たちを幸せにしてくれるヒントがある、というのは、逆説的でもあります。

でも、身近な関係の中で生まれるさまざまな感情を面倒くさいと避けたり、相手との関係を切る理由にしたりするのではなく、むしろお互いの信頼関係という土台を築いていこうとすることが、最終的には自分自身の幸福につながる、ということに、私はとても強く感銘を受けました。

SNSを代表とした「伝える」ツールは、この数年で激的に変化してきました。手っ取り早く、瞬間的に、視覚や聴覚に訴えてパッとわかってもらえるためのツールやその可能性は、これからも限りなく広がっていくでしょう。

激変する社会の中で、変わっていくことは数多くあり、その使い方も使い道も、私たちは学んでいく必要があるでしょう。

でも、同時に、変わらないものもあります。

複雑で、理解の難しい「人間」という存在と、その人間同士の関係で生じる複雑さや微妙さ。言葉にできない思いや感情。それらが存在し続けることは、きっと変わらないのではないでしょうか。

人間の複雑な感情と、人間関係の難問を解明していくことは、ＡＩ（人工知能）であっても難しく、むしろ簡単には解決できない複雑な問題ばかりが人間の手に残るのではないか。そして、その複雑で難しい関係を少しでも良くしていくすべを知っていることで、幸せになる道すじをたどっていくことができるかもしれない。

私にはそう思えるのです。

それを確信させてくれたのは、講座に参加してくださった数多くの人たちでした。

アサーティブの講座に参加される方は、時に非常に難しい人間関係の課題を抱えていらっしゃいます。1回や2回、正しく伝えさえすれば問題が解決されるというようなものではなく、正面からじっくり、腰を据えて取り組んでいく必要のある難しい課題です。

くり返し学び、チャレンジし続け、1年、2年、時には数年かけて、懸案だった難しい人間関係に取り組み、お互いがより信頼できる関係を築くことができるようになったというストーリーに、講座の中で数多く出会うことができました。

そうしたストーリーを聞くたびに、私は心が震える感覚を持ちます。その人が、時間をかけ、気持ちを傾け、困難な状況の中でも本当に大切なことを忘れることなく、関係を築いてきた道のりが見えるからです。

その人たちの生きざまの中に、人間の強さや優しさ、人生の豊かさと希望を、垣《かい》間《ま》見ることができるからです。


言葉でどう表すかは、結果にすぎません。

大事なのは、言葉に出す「前」の自分のありようです。

どう伝えるかの「前」に、自分の気持ちに正直に向き合うこと、相手に何かを言おうとする「前」に、相手のことを心から考えることが、お互いの関係に大きなインパクトを与えるということ。私が出会った多くの人の話から、それを実感することができました。

だからこそ、彼/彼女たちのストーリーを通じて、アサーティブと共鳴する考え方と伝え方のヒントを紡ぎだしていけたら、というのが、私の願いです。

ストーリーの登場人物と、属性や関係性が重ならない場合もあるかもしれません。でも、ご自身のまわりの人間関係改善のために、ヒントになる部分は少なくないと思います。

ぜひ、ご自分に置き換えたり、自分だったらどうするかと想像したりしながら、読んでみてください。

本書が、読者の皆さまにとって大事な方たちとの関係改善のきっかけとなり、より幸福な人生を歩むための一助になれば幸いです。

森田汐生

なぜ、身近な関係ほどこじれやすいのか？

心に溜まったモヤモヤが晴れてくる！
アサーティブの魔法

もくじ

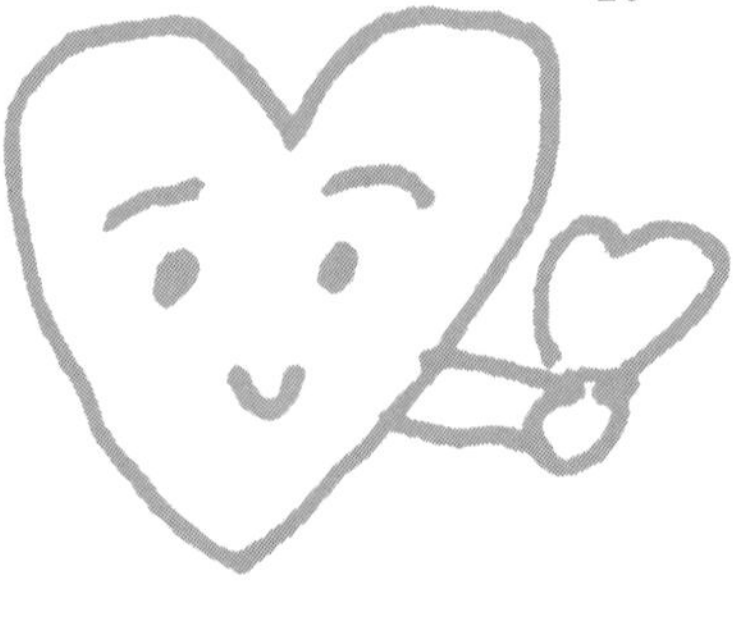

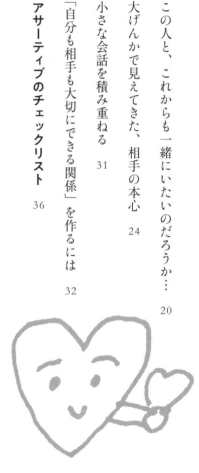

第1章 自分の気持ちを大切にする

第2章

相手のストーリーを理解する

第3章

アサーティブな関係を作るための「基本ルール」

第4章

力関係がはっきりしているとき

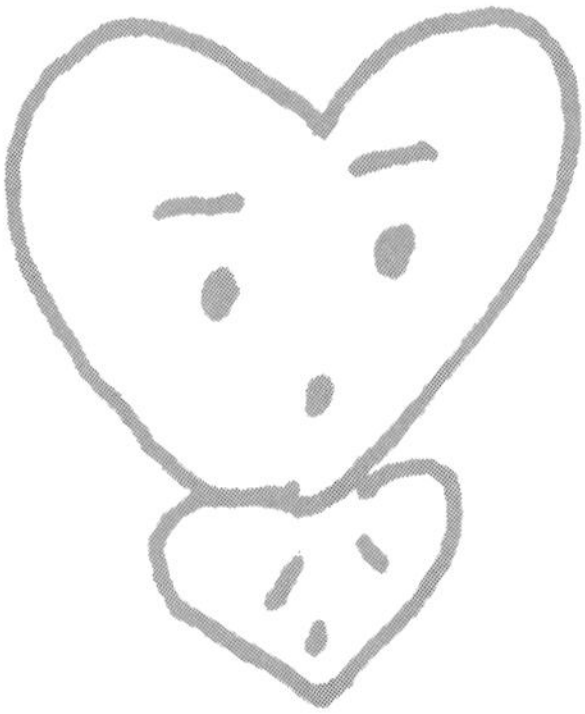

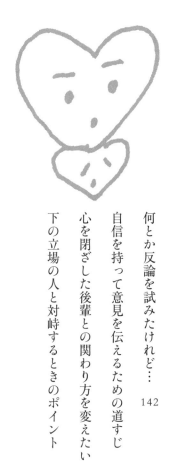

第5章

悪気のない言葉に傷つくとき

第6章

「我慢の積み重なった関係」を修復する道すじ

本文デザイン
後藤美奈子

イラストレーション
ハルペイ

DTP
センターメディア

序章

すべては
「良い関係を築く」
という選択から始まる

この人と、これからも一緒にいたいのだろうか…

アサーティブな関係を作っていくために、最初に明確にしておいたほうがいいことがあります。それは、

「私は何を望んでいるのだろうか」

ということです。

「相手にどう変わってほしいか」ではありません。「私は何を望んでいるのだろうか」です。

「相手に自分の気持ちをわかってもらいたい」「相手に自分が望む行動をしてほしい」「相手に期待通りの人になってほしい」のか。

それとも、「相手と良い関係を築きたい」のでしょうか。

前者であるときは、建設的な話し合いに向かうことはできません。

後者であれば、前向きに進む可能性があります。

後者を選択したときに、どのように進んでいけるのか。サオリさんの話から考えてみたいと思います。

＊＊＊

サオリさんは、働きながら小学生の二人の息子を育てています。夫は都心で働く営業マン。夫婦ともに忙しく、充実した毎日を過ごしていました。

子どもたちに寄り添って、なるべく一緒に過ごしたいと思っていたサオリさんでしたが、夫はどちらかというとワンマンタイプで、教育に関して「自分がやるから手を出さないで」「通信教育や塾は自分が決めるから、君はいいよ」と言うような人です。

そんな夫のことをサオリさんは尊敬し、なるべく彼の邪魔をしないように、自分ができる範囲で家族をサポートしようとしていました。自分は子どもの学校の勉強を見ようとするなど、教育についても心の中で役割分担をしていました。「夫はそうしたいんだろうな」

といつも思っていたし、「それで家族が円満にいくならいいんじゃないか」と、自分の希望は飲み込んでいたのです。

下の子が小学校に入ったころ、サオリさんは子どもと過ごす時間を増やすために、自宅近くの会社に転職しました。夫は昇格してますます忙しくなり、夜は仕事のつきあいで飲んで帰るということも増えてきました。

サオリさんは夜が遅い夫を待つのもくたびれるので、彼の分の夕食をキッチンのテーブルに置いて自分は床に就く、ということも度々ありました。この頃にはすでに、夫に何かを相談することが以前と比べて減っていたものの、夫は週末に子どもたちを連れて野球に行っているので、任せておけば大丈夫だろうと思っていたのです。

しかし、それから1年ほど過ぎると、サオリさんは「夫とのコミュニケーションがうまくいっていないな」と感じるようになりました。夫婦の会話がめっきり減ってきたうえ、子どもの教育についても、考えがすれ違うことが多くなっていたからです。

「夜ごはん、どうする?」というＬＩＮＥメッセージに夫から返信が来なかったり、夫が

連絡なしに飲みに行って夜遅くに帰ってくるということも、何度か続くようになりました。

せめて夕食が必要かどうかくらい自分に教えてほしい。何時になるのかをひとこと言ってくれれば、夜ご飯のことも悩まなくてもいいのに。そんなことを伝えることもありましたが、彼は「わかってるよ」と返事をするだけで、やはり連絡がありません。

サオリさんは、だんだん腹を立てるようになりました。

子どもたちは小学生になったとはいえ、二人の宿題を見たり、習いごとの送り迎えをしたりしているし、家事はほぼすべて自分ひとりの肩にかかっている。でも、夫は夫で毎日が充実しているのだろうし、「自分のことは自分でやるから」と言う人だから、私は自分ができることをすればいい。

そう自分に言い聞かせる日々が何か月か続くうちに、やがてサオリさんは夫との関係や、夫と子どもの関係が少しずつ悪化していることに気づきました。

会話が減ったということだけではありません。夫が自分に対して逆ギレすることが何度かあり、さらには夫の、特に長男に対する接し方が、「そこまで言わなくても」と思うほ

どに厳しくなってきたのです。

「なんだか、子どもに当たっているんじゃないかしら」

サオリさんは不安を感じるようになり、夫との関係について、徐々に思いつめるようになっていきました。

「この人と、本当にこれからも一緒にいたいんだろうか」

〝離婚〟という最悪のシナリオを考えている自分に気づきました。

大げんかで見えてきた、相手の本心

ある週末のことです。

金曜日の夫の帰りが深夜を過ぎ、翌朝サオリさんが起きたとき、夕食の食器が汚れたままテーブルに置いてありました。昼頃起きてきた夫に、「昨日、何時に帰ってきたの？　なんでひとこと、遅くなるという連絡をしてくれなかったの？　いつも返事くれないじゃない」と切り出しました。

夫の反応は、思った以上に攻撃的なものでした。

「早く帰ってきたって、邪魔者扱いされるだけじゃないか」

「君はいつも、子どもたちと早く寝るか、好きなテレビを見ているだけだろ」

「こっちの話なんか聞いてくれないじゃないか」

大きな声でまくしたてる彼に対して、サオリさんも負けじと言い返しました。

「あなたがいつも怒ってばっかりだからじゃない」

「帰りが遅くなっても、これまで連絡もくれなかったし、勝手すぎるじゃない」

「私だって疲れてるんだから、しょうがないじゃない」


いつものけんかから、話がどんどんエスカレートしていくのを感じて、サオリさんは少し怖くなりました。このまま夫がキレて暴力沙汰になってしまったらどうしよう。こんな夫じゃなかったはずなのに。なんでこんな人になってしまったのだろう。

「私だって、仕事をしながら家事も育児もやっているのに、あなたは週末以外手伝おうともしないじゃない。こっちだって大変なのに」

「オレだって、大変なんだよ。好きで遅くなっているわけじゃない。君こそいつも好き勝手やって」

すでに頭に血が上っていて、お互いがお互いの話に耳を傾けていません。

最後に「オレなんて、どうせいらないんだろ！」と捨てゼリフを残して、夫は部屋を出ていってしまいました。

しばらくサオリさんは、ショックで茫然《ぼうぜん》としていました。

頭の中ではグルグルと、「なんでこんなに言われなきゃいけないわけ。悪いのはあなたでしょ。私は絶対悪くない」と考え続けていました。

そしてその日は、会話のないまま気まずい夕食となりました。

＊＊＊

月曜日からは、いつもと変わらない日常が始まりました。しかしサオリさんは、悶々《もんもん》として眠れない夜を過ごしていました。

夫の、「オレなんて、どうせいらないんだろ！」というセリフは、あまりにも突然で、強烈で、まさかそんな風に思っているとは思いもよらない言葉だったからです。

夫は、自分は必要とされていないと感じている。

夫は、自分がないがしろにされていると、感じている。

それは本当に初めて知ったことでした。

自分は精いっぱい家族のために、子どものために、やってきているつもりだったし、夫は好きでやっているからむしろ口を出さないほうがよいだろうと、任せていただけなのに。夫は、ないがしろにされていると感じているのか……。

確かに、そうだったかもしれない。サオリさんは、ふとそう思いました。

遅くに帰ってきた彼を待つこともなく、先に寝ていた。

彼が超多忙なことをこぼしていたとき、「それは自分が選んだことでしょ」くらいに思って、何も言わなかったし、むしろ冷ややかに見ているだけだった。彼が子どもたちを休日に外に連れ出しても、お疲れさまを言ってあげることもなかった。

その意味で、彼が「ないがしろにされた」と感じるのも、もっともだったかもしれない。

それを自分の中で認めるのは、サオリさんにとってはつらい作業でした。自分の非を認めると、夫に負けるような気がしたからです。

時間をおくと、「確かに心当たりがあるかも」と、サオリさんは考えるようになりました。「本当に、夫をないがしろにしてきて、放っておいていいと思っていたかも」そう考えると、彼に対して意地を張っていたかもしれない自分自身にも気づきました。夫に対して、こんな風に思っていたことを――。

彼が連絡してくれないから。だから私は早く寝るのよ。
彼が手を出すなって言うから。だから放っておいたでしょ。
彼が大丈夫だよと言うから。だから夕食を作らなかったし。
彼が、彼が、彼が…。

そこで、はたと疑問が浮かんできました。
私は彼との関係で何を望んでいるのだろうか。自分はどうしたいのだろうか。
もしも自分に正直になって、自分が何を望んでいるかを考えるとすれば、私はどうした

いのだろう。

「ないがしろにされている」と、彼は言った。たぶんそれは正しくて、それを自分に言ってくれたことは、本当はよかったのかも。

夫にとっても、私に言うのはきつかっただろうな…。きっと彼も彼なりに精いっぱい、家族のために努力をしてくれている。きっと彼なりの言い分もあるのだろう。

そしてサオリさんは考えました。

彼はどんな気持ちで、何を望んでいるのかしら。たぶん、遅く帰ってきたときにも、自分と少し会話をしたいのかもしれない。週末には、少しは夫婦の時間を取りたかったのかもしれない。子どもの教育でも、相談したかったのかもしれない。

「夫がどうか」ではなく、「私は」どうしたいんだろうか。

私は、この状況は変えたい。夫と良い関係を築きたい。

夫と子どもを大切にして、良い家族関係を作りたいと思っていたはず。

それからサオリさんは、少しずつですが、自分の行動を変えることにしました。

彼に「ないがしろにされている」ではなく、「気にしてもらっている」と感じてもらう

ためには、自分の何を変えたらよいのだろうか。サオリさんは、まだ手探りでしたが、やってみることにしました。

小さな会話を積み重ねる

サオリさんは、少しずつ、小さな会話をするようにしました。

毎日でなくても、できるときは、夫の帰りを待って「おかえり」と言う。夕ご飯のときに、「今、子どもとご飯を食べてるよ」と、夫にＬＩＮＥを送る。週末、子どもを連れて帰ってきた夫に、「ありがとう、今日もお疲れさま」とひとこと言う。

そんなやり取りを続けるようになりました。

すると少しずつ、本当に少しずつですが、夫の行動が変わってきました。

夜遅くなるときには、聞かなくても、「○時になる」とＬＩＮＥが来るようになり、「ご飯食べてるよ」というメッセージに、スタンプが返ってくる。そして厳しかった長男への対応が、以前と比べてずっと優しくなってきました。

離婚の危機を感じてから数か月が経った頃、サオリさんは話してくれました。

「大きな問題はすぐに解決したわけではないけれど、でも、『この状況を続けたくない』という自分の望みだけは、自分の中でブレないようになりました。そこで踏ん張って、夫の行動がどうであっても、『私はどうしたいのかな』と考えられるようになりました」

サオリさんの小さなチャレンジは続きますが、「ハラハラするような夫と息子とのけんかや、ご飯のときの気まずい沈黙は本当になくなりました。これからもあきらめずに続けます」と言って、にこっと微笑みました。

「自分も相手も大切にできる関係」を作るには

サオリさんは夫との難しい局面を、どのように乗り越えたのでしょうか。

そのカギをひとことで言えば、「自分も相手も大切にすると決めた」ことです。これは「アサーティブ」なコミュニケーションをとる上で土台となる、重要な考え方です。

アサーティブなアプローチでは、特に次のことを大切にしています。

一つは、**「自分に誠実になること」**です。

スタートは常に、この質問です。

「私は何を望んでいるのだろうか」

その問いを、自分自身に問いかけてください。その答えが自分の望むことですので、それを大切にします。

もう一つは、**「相手が望んでいることを考えること」**です。

「相手は何を考えているのだろうか」

「相手が本当に望んでいることは、どんなことだろうか」

思い込みや斜に構えることから離れて、相手の希望は何だろうと考えてみてください。

わからなくても、いったん想像してみてください。想像することが第一歩です。

そして三つ目は、**「自分も相手も望んでいることに向かって、小さな行動を積み重ねること」**。

サオリさんの望みは、夫と子どもたちと良い関係を持つことでした。夫にイヤな感情を持っていたときもありましたが、本当に欲しいのは、お互いが心地よく暮らせることと、信頼関係でした。

夫はどうでしょうか。サオリさんや子どもたちに怒りをぶつけてはいますが、でも本当は家族として幸せな関係を持ちたいはずです。それがかなわないと感じて、周囲に怒りをぶつけてはいるけれど、心の底では良い関係であってほしいと望んでいるはずです。

その前提を信じて、サオリさんは夫を責めるのでもなく、自分が言葉を飲み込んで我慢するのでもなく、「私が本当に望むこと」つまり、夫とよいコミュニケーションを取ることを目指して、毎日小さなチャレンジを積み重ねていきました。

自分が大切にしていること、自分の心の底にある望みを、大切にする。
相手が大切にしていること、感じているであろうことを、想像する。
そして、お互いのために、毎日小さなことを積み重ねる。

サオリさんのチャレンジは続きますが、自分の心の底に芽生えた「確かな手ごたえ」を得たことで、夫との信頼関係を築いていく勇気につながっていったのかもしれません。

次章からは、そうしたストーリーをご紹介していきたいと思います。

アサーティブのチェックリスト

次の１～４の範囲で点をつけて、自己評価をしてみましょう。

１……難しい、ほとんどできていない

２……ちょっと難しい、あまりできていない

３……少しはできている、相手によって偏りがある

４……ほぼできている、誰に対してもできる

A. 伝える力

・要望や提案を、率直に明確に伝えられる
・できないことは、はっきり「ノー」と伝えられる
・ポジティブな感情（ほめ言葉や承認の言葉）を伝えられる
・怒りの感情を、爆発させたり飲みこむことなく、表現している
・相手を建設的に批判することができる
・問題を指摘するだけではなく、代替案や自分の考えを示している

計　　点

B. 聴く力

・相手の話に耳を傾け、理解しようとしている
・ほめ言葉を受け入れている
・正当な批判を受け止めている
・不当な批判には、落ち着いて対応ができる
・自分の意見を押し通すのではなく、折り合いをつけようとする

計　　点

C. 向き合う姿勢

・常に誠実な態度で接しようとしている
・上から目線でも、へりくだるのでもなく、対等な立場を心がけている
・長所も短所も含めて、今の自分が好きである

＊解説は 69 ページ

計　　点

第1章

自分の気持ちを大切にする

相手を変えようとすると、しんどくなる

身近な誰かとの関係がうまくいかないとき、悪化したとき、言い争いになったとき、あなたは誰が悪いと考えるでしょうか。

まず考えるのは、「悪いのは相手だ、自分は悪くない」ということではないでしょうか。

自分は悪くない、相手が自分のことを理解しようとしないからだ。

自分は悪くない、相手が自分のことをないがしろにするからだ。

自分は悪くない、相手が勝手に決めて押し付けるからだ。

自分は悪くない、相手が先にけんかを売ってくるからだ。

自分は悪くない、相手が、相手が、相手が…。

関係が難しくなればなるほど、私たちは問題の原因を「相手」に求めてしまいます。

なぜでしょうか。

自分がこの問題の責任の一端を担っていると認めたら、「絶対に自分は悪くない」と思っている心の砦《とりで》が崩れてしまいます。自分の正当性をかけて相手と闘っているのに、自分の非を認めると、〝負ける〟ことになります。

それはしたくない。だから、勝つために私たちはますます自分の正当性を主張したくなり、相手を変えるために躍起になってしまうのです。

しかしながら、人間と人間の関係の中で、自分の側に「まったく非がない」ということは、ほとんどの場合ありません。「関係」ですから、責任の一端は自分にあると思って、問題に向き合ったほうがうまくいきます。

「相手が100％悪い」と考えると、相手が変わらない限り問題が解決しないことになり、相手の状況に振り回されることになります。実際、そうなるには、自分が変わることの数十倍、時には数百倍、時間も労力もかかってしまいます。

つまり、「相手」に原因を求めて解決しようとするよりも、自分の側が変えられるもの（相

手に対する見方、向き合う姿勢、関わり方、コミュニケーションの取り方など）を考えてそこに時間をかけるほうが、エネルギーも時間も少なくて済むということです。

では、お互いの関係を改善したいときに、相手を変えようとするのではなく「自分が変わる」というのは、どういうことなのでしょうか。

ここで誤解のないようにお話しすると、「自分が変わる」とは、自分だけが我慢すること、ではありません。

むしろ、アサーティブな関係を築くには、**相手を大切にすることと同じくらい、自分を大切にする**ことが必要です。スタートは「自分の気持ちを大切にする」。つまり、自分に嘘をつかないで正直になる、ということです。

自分を大切にすると、関係がどう変わるのでしょうか。マサオさんのストーリーから見てみましょう。

自分の気持ちを飲み込み続けていると、どうなるか

マサオさんは、幼稚園に通う娘を持つ30代のパパです。家は妻の実家の近くにあり、家族で妻の実家に遊びにいくことがよくあります。

義理のお父さんはとても社交的な人で、マサオさんと一緒にお酒を飲みながら、仕事や社会のことについて話をすることが大好き。娘の家族が訪ねて来ることをいつも楽しみにしています。マサオさんにとって、義理のお父さんは人生のよき先輩であり、これからも良い関係を築いていきたい（築いていかなければならない）人でした。

妻の実家は大阪にありますが、これまで自分たちは東京に住んでいたので、時々会うだけで良い関係が築けていました。しかし、1年前に妻の実家の近くに家を建て、毎日のように顔を合わせるようになってから、徐々に関係が変化するようになりました。

お義父さんは話し好きで、いつも話が長くなります。お酒が入るとますます饒舌《じょうぜつ》になり、かつ同じような話をくり返し聞かされるはめになります。

最初のうちマサオさんは、義理のお父さんだし、お義父さんはとにかく話をしたいのだろうと考えて、できるだけ相手に話を合わせて一生懸命聞いていました。良い関係を作るためには、「相手に合わせる」ことが一番大事だと考えていたからです。

ところが、そうした状況が2か月、3か月、半年と続くうちに、だんだんと自分の足が妻の実家から遠のいていくことに気づきました。

妻と娘が実家にいるのに、自分はひとり、自分の家に帰ろうとしてしまう。実家に寄っても、できるだけお義父さんの顔を見ないように、避けてしまう。「食べていかない？」と聞かれても、「いや、忙しいんで今日は…」と濁して、自分ひとりで先に帰ってしまう。

妻も不思議に思うようになって、ある日マサオさんに聞きました。

「これまであんなに仲が良かったのに、最近どうしたの？　何か、あったの？」

「いや、何もないよ。最近は仕事がたまっていて、家で少し続きをしたいから」

マサオさんは、そう言って口を濁しました。

その後、出張の帰りに妻のいる実家の方向とは反対方向の電車に乗ろうとして、はたと気づいたことがありました。

お義父さんと仲良くしたいのに、どんどん会いたくなくなっている自分。できれば顔を合わせたくないし、一緒にいることを避けたい自分がいる。だんだんと、お義父さんを「イヤだ」「面倒くさい人だ」「迷惑だ」と感じるようになってきている。

以前はそうでなかったのに、いつの間に、お義父さんが苦手になったのだろう。

もしかしたら自分は、どこかで無理をしているのではないだろうか。

お義父さんのためを思って、なるべく合わせてきたけれど、それは間違っていたのではないか。お義父さんの長い話に対して、自分が感じている気持ちを飲み込んで、嘘をついているのではないだろうか。

ほら、昨日も妻に嘘をついた。傷つけたくないからと自分の中で言い訳をしていたけれど、あれは、本当は嘘だった。

自分にもまわりにも嘘をつき続けて、いいのだろうか。

妻にもお義父さんにも嘘をつき続けることは、本当に自分が望んでいることだろうか。

お義父さんの話を聞き続けることは、自分が望んでいることではない。お義父さんに合

わせることが、自分の本当にしたいことではないし。

自分の正直な気持ちは、どこにあるのだろう。

マサオさんの頭の中では、さまざまな思いが交錯していました。

その夜、妻と娘が寝た後に、マサオさんはもう一度考えました。


自分は、本当はどう感じているのだろうか。

お義父さんとの関係を、どんな風にしたいのだろうか。


翌朝、マサオさんが出した答えは、次のようなものでした。

「自分は本当の本当は、お義父さんと仲良くしたい。これからも続く良い関係を築きたい。でも、自分が疲れているときにお義父さんの話が長いと、聞き続けるのがしんどくなる。しんどい関係は持ちたくない。でも自分が疲れていないときだったら、もちろん話に付き合うし、それはそれで楽しいことだと思う」

このことが明確になったので、マサオさんはお義父さんに、アサーティブに伝えることにしました。

まずはシンプルに伝えてみる

ある日、実家でご飯を食べた後、お義父さんが「マサオ君、あのね」と話し始めました。しばらく聞いていたマサオさんでしたが、ちょうど仕事の山が片づいたばかりで疲れていて、体調もよくありませんでした。このまま聞くことは、自分にとっても相手にとっても、よいことではない。

マサオさんは、自分の状況を正直に、そのまま伝えることにしました。

「あ、お義父さん、すみません。お話を聞きたい気持ちはあるのですが、正直今日は体調が悪くて、お話を聞くのがしんどいんで、早めに休みたいんです。すみませんが、お話の続きは、明日聞くということでもいいでしょうか」

思い切ってそう伝えたところ、お義父さんは、「あ、そう。じゃ、早くお風呂に入って休みなさい。また明日ね」と、さらりと言って、話はそれで終わりました。

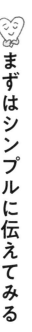

マサオさんは拍子抜けした感じがし、「なんだ、こんなことなんだ」とすがすがしい気持ちになりました。

自分ばかりが我慢するのではなく、お義父さんの気持ちも尊重した上で、「自分はどう感じているのか、何を求めているのか」をシンプルに話すことができれば、相手は案外素直に受け入れてくれるものなのか。

自分が話を聞くのがしんどいということは、必ずしもお義父さんを拒否することではない。むしろ、お義父さんと良い関係を続けたいから、今日は難しいと伝えればいいんだ。マサオさんは、そう気づいたのです。

お義父さんが思った以上に軽く、「そう。じゃ、また明日ね」と言ってくれたことは、マサオさんにとっては驚きでした。しかも、お義父さんはそれを覚えていてくれて、翌週、「マサオ君、今日の調子はどうだい？ 話せそう？」と、聞いてくれたのです。

マサオさんは、「今日は大丈夫ですよ」と伝え、罪悪感を持つことなく、お義父さんと気持ちよく話をすることができたのでした。

そのことがあってから、マサオさんがお義父さんを避けることはなくなりました。

なぜなら、そのときそのときの自分の状況を素直に伝えればよいとわかったからです。「すみません、今日は○○で難しいので、今度でいいですか」と、自分にも相手にも嘘をつくことなく、正直に自分の状況を伝えれば、相手は受け入れてくれるということがわかりました。

するとと反対に、お義父さんと話をしたいと思ったときには、自分も積極的に楽しんで話すことができるようになったのです。

「それ以来、お義父さんとは良い関係になりましたね。もちろん、言えないときもありますけど、『次は言えばいいや』と思えば、今言えなかった自分を責める必要も、話の長いお義父さんを責める必要もなくなったので、気持ちがとても楽になりました」

マサオさんは、そんな風に話してくれました。

＊＊＊

私たちにも、マサオさんと同じような体験はないでしょうか。

相手の気持ちを考え、関係を悪化させたくないと思うがあまりに、自分の気持ちを飲み込む。自分に嘘をついて、「自分は平気だ」と思い込む。

その結果、お互いの関係に影響が出てしまうのですね。

相手が嫌いになってくるし、そんな嘘をついている自分自身もイヤになってくる。

それは、本当に自分が望むことなのでしょうか。


アサーティブの原点は、**「自分が本当に望む関係は何か」**を考えることにあります。

相手とこの関係を続けたいのだろうか。それとももっと違う関係を作りたいのだろうか。それを、自分の胸に手を当ててよくよく考えてみるのです。

「自分は、本当は何を望んでいるのか」にきちんと向き合って、考えてみるのです。


相手に何を伝えるかは、その次。

まずは自分の望みを明確にすることが、関係を変えていくスタート地点となります。


自分の気持ちが固まったら、今度は**「伝えるかどうか」**を考えます。

伝えようと決めたら、その後に、スキルの出番なのです。

難しくなった課題を解決するためには、「小さなステップ」から始めます。いきなり大きなことを言おうとすると、往々にしてうまくいきません。

マサオさんの場合であれば、「お義父さん、いつも、自分の顔を見ると長々と話しはじめて、自分もそれを断るのが大変なのです。だから、長い話をするのはもうやめてもらえませんか」と言うのは、課題が大きすぎます。

小さなステップとは、**「今日できる、小さなこと」に取り組む**ことです。

お義父さんがいつも、ではなくて、「今日は、ちょっとしんどいので遠慮したい」。

それくらいの小さな一歩を、自分が踏み出すことが、出発点となります。

上手な断り方を知っていることの価値

人間関係で上手に「ノー」を伝えることは、簡単なことではありません。

私たちはいろんな場面で、いろんな事情で、「ノー」を伝えることが難しくなります。

一つは、自分の気持ちを飲み込んでしまう場合です。

お義父さんだし、上司だし（相手との関係上言えない）、せっかく誘ってくれたのに…（相手に申し訳なくて言えない）、親だから、教師だから（言うべきではない）、どうせ言ってもムリ（どうせ反論されるから言わない）など。

相手の気持ちを考えて、あるいは結果を恐れて「ノー」の気持ちを飲み込みます。

マサオさんは、この「相手は○○だから」という関係上、お義父さんに対して自分の気持ちをなかなか言えず、飲み込んでしまったわけです。

反対に、「ノー」が感情的になってしまうこともあります。

「これ以上はムリです」（限界を超えた）、「そこまで言わなくてもいいじゃない」（相手に領域を侵害された）、「一方的すぎます」（押し付けられた）、など。相手からの攻撃にこれ以上自分が傷つきたくないときは、自分を守って「ノー」の反撃に出ます。

マサオさんの場合、ノーが言えなかったことが積もり積もって、とうとう関係を切りたくなってしまったことが、それにあたります。

いずれも、人間としてはごく自然の反応です。

相手のことを考えれば、相手がイヤな気持ちになることを避けたいと思って言葉を飲み込むことも当然ですし、限界を超えて「これ以上はできません！」と、思い切って反撃に出るのも、よくあることです。

ただ、そのような反応が続いてしまうと、お互いの関係に影響が出てきてしまいます。単に「言えなかった」「言い過ぎた」という言い方の問題だったことでも、積もり積もると、「その人が苦手」「あの人はイヤだ」という人間関係の問題に発展してしまうのです。

アサーティブに「ノー」を伝えるスキルは、その意味で、上手に人間関係を築いていくための道具として持っておきたいものです。

お互いを尊重した「ノー」の言い方を心得ておくことは、「言い方の問題を人間関係の問題にしてしまわないための知恵」だと考えてみてください。

なお、アサーティブな「ノー」は、言ってその場の決着をつけるためのものではありません。相手にノーを突き付けてこちらの言い分を通すことは、決して、アサーティブの目

的ではないのです。

アサーティブの目的は、**「ノーの言い方を心得ておくことで、自分の行動を選択できるようになる」**ことです。

ここでいう「選択」は、「相手のせいでノーが言えない（から言わない）」ということではなく、「状況を判断して、言わないことを選択する」ことを意味します。

言い方を知っていれば、言うか言わないかを選ぶことができます。

そして、実際に「ノー」を伝えると決めたら、攻撃的にでも受身的にでもなく、自分も相手も尊重した言い方ができる。

それが、アサーティブな「ノー」の目指すところです。

人間関係において、相手を責め続けたり、自分を責め続けたりすることは、とてもエネルギーのいるしんどいことです。誰しも経験のあることだと思いますが、「あの人がこうだから、自分はノーが言えないんだ」と、相手や自分を心の中で責め続けることは、精神衛生上よくありません。

むしろ、「あの人はこうだけど、自分はどうしようかな。今日は『ノー』は言わないこ

とにしておこう。でも、今度同じことがあったら、次回はアサーティブに伝えよう」という風に思える、つまり行動をみずから選択するほうが、自分がラクに生きることができると思いませんか。

自分の振る舞いを相手に任せるのではなく、自分が選んで自分で責任をとる。それは、お互いにとってストレスの少ない関係につながっていくと思います。

「ノー」を伝えるときの2つのステップ

それでは、アサーティブに「ノー」を伝えるには、具体的にどうすればよいのでしょうか。

アサーティブな「ノー」の伝え方には、2つのステップがあります。

1つ目のステップは、**「自分に問いかける」**こと。自分との対話のプロセスです。

質問は3つあります。

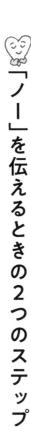

Ｑ１ 自分はどうしたいのか？
Ｑ２「ノー」の理由はどこにある？
Ｑ３ 代替案はあるか？

マサオさんの場合、Ｑ１は、自分はお義父さんとは良い関係を築きたいということ、話ができる関係でいたい、ということでした。Ｑ２は、自分が疲れているときは、「ノー」だということ。そしてＱ３、代替案としては、体調がよいときであれば、もちろんＯＫだということでした。

相手との関係の中で、自分は何を大事にしたいのかと考え、何が「イエス」で何が「ノー」かの線引きをしっかりすることができれば、ノーを伝える次のステップはそれほど難しいものではありません。

２つ目のステップは、「気持ちが伝わる言い方を考える」ことです。

自分の「ノー」を伝えると決めたら、なるべく率直に、さわやかに言葉にします。具体的には、次の３つのポイントを覚えておくとよいでしょう。

①相手の善意やメッセージを受け止める
②自分の状況を説明して「ノー」の理由を伝える
③代替案・関係をつなぐひとことを添える

相手の善意の「気持ち」を受け止めつつ、たとえば「今日の時間」といった「事柄」については、はっきりと断るということです。そして、「相手との関係は大切にしている」ことを示すひとことを添えます。

マサオさんは、このステップを踏んで、うまく伝えることができました。

お義父さん、すみません。お話を聞きたい気持ちはあるのですが（①）、正直今日は体調が悪くて、お話を聞くのがしんどいので、早めに休みたいんです（②）。続きは、明日聞くということでもいいでしょうか（③）。

まずは、小さな「ノー」の気持ちを、飲み込まず、嘘をつかず、相手に誠実に伝えること。アサーティブな「ノー」は、そうした相手との向き合い方からスタートすることを覚えておいてください。

なぜ、「ノー」が攻撃的になってしまうのか

もう一人、エリコさんの話をご紹介しましょう。

エリコさんは、いろいろなことになんでも口出しをしてくる母親のことを、うっとうしく感じていました。お兄さんが家を出た後、自分も就職して家を出て、都内でひとり暮らしをするようになってから、母親との関係が変わってきたのです。

母親は、マンションの部屋を借りるときもついてきたし、ひとりで暮らすようになって1年経った今も、合い鍵を勝手に作って家に上がりこみ、ご飯を作って待っていることが度々あります。

最初のうちは、「もう、お母さん。わたし子どもじゃないんだから、いい加減放ってお

いてよ」と軽くいなす程度で済んでいたのですが、母親が変わらず自分のところに来ることが続くようになってから、だんだん関係が悪化してくるようになりました。

「もう、迷惑だから来ないでよ」

エリコさんがとうとうキレてそう言うと、母親は涙目になり、「だって、あなたしかいないじゃない、お兄ちゃんは全然連絡取れないんだから」と言いました。

そのときは「さすがに言い過ぎたな」と思って一緒にご飯を食べていたエリコさんでしたが、その後も懲りることなく自分の部屋に上がりこんでくる母親に、きつい口調で反論するようになりました。

曰く、いつまでも子ども扱いしないでほしい、私のことを信じていないのね、お母さんは娘の気持ちを考えてくれてない、こっちだって忙しいのに自分勝手すぎる。

そのたびに、母親は傷ついた様子で黙りましたが、それでも1か月もしてほとぼりが冷めると、エリコさんのところに来るのです。

引っ越して1年が経ったころ、エリコさんはついに母親を徹底的に避ける手段に出まし

た。携帯に電話が来ても、出ない。ＬＩＮＥで連絡が来ても、未読のまま。夜帰ってきて電気がついていたら、母親がいるとわかるので、わざと遅くまで戻らない。

「どうしたらいいでしょうか。母とは大人同士の関係を作りたいのに、母は私を子ども扱いします。今はありとあらゆる手段で、母を避けていますが、それも限界がありますし」

そう言って、エリコさんが講座に参加したのは、ある年の冬のことでした。

「今年のお正月は家に戻らないと言いたいです」とエリコさんが言うのを押しとどめて、アサーティブなアプローチを一緒に考えることにしました。

エリコさんの気持ちを聞いていくと、表面にある怒りの気持ちの下には、もっと優しくやわらかい気持ちが隠れていました。

「ノー」と伝えることで、母との信頼関係を壊すようなことはしたくない。

本当は、母と大人同士の関係を築きたい。

子どもが二人とも出て行って、母が寂しい気持ちもわかる。でも、私自身は自立を目指しているのだから、ひとりで頑張りたい。母にも、自分の人生を見つけていってもらいたい。

そういう関係ができれば、実家に顔を見せるのは、もちろんしたい。
そんな思いがあることがわかってきました。

さて、エリコさんが母親に、アサーティブに「ノー」を伝えるには、どのようなことに気をつければよいのでしょうか。

自分の「ノー」が攻撃的になってしまうことの落とし穴として、「相手メッセージ」で主張を組み立ててしまうことが挙げられます。

「相手メッセージ（You message）」とは、相手を主語にしたメッセージのことです。

エリコさんが現状について話すときは、「相手メッセージ」ばかりでした。

「母が、いつも勝手に自分の部屋に上がりこむ。だから、迷惑している」
「母が、私が頼んでもいないのにご飯を作っている。だから、腹が立つ」
「母が、やめてと言っているのにしょっちゅう電話をかけてくる。だから、うざい」

「母が」「母が」「母が」…と続くと、攻撃的であることがわかると思います。

今の自分が置かれている状況を、相手を主語にして考えると、自分のネガティブな感情が相手によって引き起こされたことになり、相手を責める方向に行ってしまうのです。そうなると、相手は攻撃された、批判されたと感じて、本当にこちらを理解しようという気持ちになりません。当然、信頼関係からはますます遠のいてしまいます。

そこで、「相手メッセージ」を**「自分メッセージ（I message）」**に変える必要があります。「自分メッセージ」に変えるとは、**「自分の行動や態度」について説明し、それについての自分の気持ちを正直に伝える**ということです。

エリコさんの主張を、「自分メッセージ」に変えると、話の流れがこんな風に変わってきます。

「私、お母さんのこと怒ってばかりいるけど、本当はけんかをしたいわけじゃない。でもどうしていいかわからなくて、正直困っていた」

「私、お母さんに腹を立てて、電話に出なかったり、居留守を使って避けてきたよね。それはイヤだし、本当はそうしたくないのに、そうしている自分もイヤなの」

確かに相手の行動も間違っていた部分はあったでしょう。でもエリコさんの気持ちは、エリコさん自身が取ってきた行動の結果、生まれているのです。「相手がどうしてきたか」とあわせて、「自分はどうしていきたいのか」の自分メッセージで、気持ちを正直に伝えることが必要なのです。

対等な関係を築くために必要なこと

エリコさんと母親の今の関係は、双方が関わって生じたことです。とすれば、エリコさんが取ってきた行動の責任は、エリコさん自身にあります。

先にも少し触れましたが、こじれてしまった関係性において、相手が１００％悪いという図式は、ほとんどありません。たとえエリコさんの責任が50％だったとしても、その50％に１００％向き合ってそれを引き受ける必要があるのです。

それを言葉に表すとしたら、どうなるでしょうか。

「私も、腹を立ててお母さんを一方的に責めてきたよね、それは悪かった」
「けんかをしたくないからという理由で、電話に出なかった。私がお母さんを避けていたんだよね。それは、ごめんね」

大げさに言う必要はありません。ただ、二人のこの問題の半分は、自分も責任があることについて触れるだけで大丈夫です。

エリコさんは「お母さんと大人として対等な関係を持ちたい」と願っていましたが、「お母さんが悪い」と決めつけることは、むしろ自分を子どもの立場に下げたものの見方です。対等に向き合うとすれば、大人として自分の行動にも非があったということを、潔く認めることからしか始まりません。

関係を改善したいのであれば、「相手が１００％悪いから、相手が１００％変わるべきだ」という論法から抜け出さなくてはなりません。自分の側の責任の50％を引き受けるとすれば、自分自身も変わる必要があるでしょう。ちょっと厳しく感じられるかもしれませんが、自分の何を変える覚悟があるのか、それについても考えてみてください。

エリコさんが母親と対等な関係を築いていくことを望むのであれば、自分の側も何%か変わる意識を持つことが必要になります。

「私は何を変える必要があるのだろうか」。エリコさんは考えました。

母親に来ないでくれと言うことは、相手に100%変われと言っていること。それでは母の不安はなくならない。自分の側も、母を避ける、無視する、けんかするなどの行動は、やめていく必要があるのだろうな。

そこまで考えると、これまでの自分の行動がどれほど母親に甘えたものだったか、エリコさんはわかってきました。

「わたし、お母さんにめちゃめちゃ甘えていた。お母さんのことを、責めても怒っても、何を言ってもいい存在だと思って甘えていたんじゃないか。大人になる必要があるのは、私自身かも」

エリコさんは今後どうしたいのか、自分が変わるということを含めて要望を伝える必要があるようです。相手との信頼関係を築きたいからこそ、自分が変わる部分は変えようと腹をくくる。エリコさんはそう思うようになりました。

＊＊＊

アサーティブなポイントを胸に、エリコさんは母親と話をすることにしました。いつものように母親が家で待っていた週末の夕方のことです。

「お母さん、ご飯ありがとう。それでちょっと話したいことがあるんだ」

「なあに」

「これまで、だけど、お母さんが来るたびに、私怒ってばかりいたじゃない。それと、お母さんが連絡をくれても出ないとか、無視するとか、私やってきたよね。それって、よくなかったなと、反省したの」

「……どうしたの、急に」

「うん、いろいろ勉強して、わかってきたの」

「……」

「お母さんの気持ちをわかろうとしないで、勝手に来ると決めつけて、責めてばかりいたよね。甘えていたかもしれない。そうするのは正直私もイヤだったし、きっとお母さんも

イヤだったよね」

「そうよ、けんかはイヤだったし、つらかったわ」

「それについては、ごめんね」

「……」

「お母さんとけんかしたり、わざと無視することはよくなかった。それは私がしたいことじゃないいんだよね」

「……」

「でもね、ひとりで生活して私ひとりの空間を大切にしたい気持ちも変わらない」

「そうよね…あなたの自立は応援したいわよ」

「ありがとう。そう思ってくれているのは知ってるよ。きっと兄妹二人とも家を出てしまったから、寂しいと感じている気持ちも、少しはわかるしね」

「……」

「私もいろいろ考えてみたの。それで、私はひとりで生活をすることは、やっぱり続けたい。お母さんにご飯を作ってもらうことは、私は望んでいないのよ。でも、連絡を取らないとか、電話に出ないとか、ということは、続けたくないのでやめます。これからはちゃ

んと電話にも出るし、実家にも戻る。お父さんの顔も見たいからね」

「そうしてくれると、嬉しいわよ」

「月に1回くらいは、実家に戻って、私がご飯を作る。それは、どうかな」

「そうね、それならお父さんも安心するだろうし」

「私が元気にしていることは、ちゃんと話すからさ。だから、お母さんが来る回数についてては、これから減らしてもらえないかな…これまでちゃんと伝えてこなくて、ごめんね」

「そうね（少し涙ぐむ）」

「じゃ、ケーキ買ってきたから、今日はそれも食べようか」

＊＊＊

エリコさんは、母親の気持ちを尊重しながらも、自分の「ノー」について明確に伝えることができました。

そしてこの話し合いの後、エリコさんはお母さんからの電話に出る、月に1回は実家に戻る、コミュニケーションを取るということを忘れず続けていったそうです。

といっても、母親の足がすぐに遠のいたというわけではありませんでした。ただ、それからエリコさんは、母親が自宅に来たときに、笑って、でもきっぱりと、自分の気持ちを伝えることができるようになったそうです。けんかになることも、我慢することもなく、アサーティブを意識できるようになったそうです。

「少しずつです。でも、母も私が本当に一人前の大人として振る舞いたいんだということを、理解してくれるようになりました。私が本気だということもわかってきましたし。なので、母にも優しく接することができるようになってきました。

もちろん、けんかも時にはしますけど、それがお互いの存在を認めた上でのことだという、認識はできてきた気がします」

そんな風にエリコさんは話してくれました。

以前は、「母と縁を切りたい」とまで言っていた彼女でしたが、「お正月は実家に帰ってきました」とさわやかに話してくれた様子に、私もホッとして、これからも頑張ってねと心からエールを送ったのでした。

チェックリストの回答

36 ページのリストについて、
各項目につけた点数を、合計してみてください。

結果はいかがだったでしょうか？

点数により、おおむね次のような傾向があると考えられます。

・合計が 20 点以下…全体的に自己表現が苦手と感じている
・20 ～ 45 点…場面によってできたりできなかったりする
・46 点以上…自己表現にかなり自信を持っている

A の点数が高く、B が低めだった人は、「話すのは得意だけれど、聞くのは苦手」と感じているでしょう。自分が話す前に相手の話に耳を傾け、まず黙って聞いてみるようにしましょう。

反対に、A の点数が B よりも低かった人は、もう少し自己主張してみる必要がありそうです。

また、「家庭では 1 が多いけれど、仕事では 4 が多い」という場合や、その逆のケースもあると思います。家庭と職場に分けてチェックすると、その点が把握できるでしょう。


このチェックを行うのは、今の自分の傾向を捉えることが目的です。

「点数が悪かったから自分はダメだ」とは思わないでください。

誰に対して、どんな場面で点数が高かったのか、あるいは低かったのかを自分で認識することで、より良いコミュニケーションに向かうことができます。

「ノー」を伝えるときのポイント

ステップ 1

自分に問いかける

Q1 自分はどうしたいのか？

Q2「ノー」の理由はどこにある？

Q3 代替案はあるか？

↓

ステップ 2

伝えるための言い方を考える

伝えると決めたら、なるべく率直に、
さわやかに言葉にする

① 相手の善意やメッセージを受け止める

② 自分の状況を説明して「ノー」の理由を伝える

③ 代替案・関係をつなぐひとことを添える

第2章

相手のストーリーを理解する

一生懸命、励ましているのに…

コンサルタントの仕事をしているタケシさん。とても穏やかで落ち着いた雰囲気の男性です。その様子から、ご家族の関係で深い悩みを抱えているようにはとても見えません。しかしタケシさんは口を開くと、「妻が引きこもり状態なのです。もっと努力をして、家から出られるようにしてあげたい」と話し始めました。

妻のハナコさんが家に引きこもるようになったのは、3年ほど前、最愛の娘が結婚して家を出ていった頃でした。外に出ないというだけではありません。次第に朝、布団からも出なくなってしまったのです。

タケシさんは、急に妻の様子が変わってしまったことに戸惑い、悩み、本を読んだり知り合いの医師に聞いてみたりしました。はじめは、それほど心配はしていませんでした。

「これまで主婦として子育てを一生懸命やってきた妻の、ちょっとした〝空《から》の巣症候群〟

だろう」。タケシさんは、そう思っていたのです。軽いウツか、更年期ってやつなんだろうなと考えていました。

ハナコさんは、娘が家に戻ってくると起き上がって食事を作ったり、楽しそうに話をしたりしていました。でも、娘が帰ってしまうと、また自分の部屋に入ったきり、外に出てこないのです。

そんな状態が2か月、3か月と続き、やがて半年が過ぎました。さすがにタケシさんは、何とかしなければと思うようになりました。

まずは、知人のつてで、著名なドクターのいる病院やクリニックに妻を連れて行きました。いろいろと検査をしましたが、ドクターの診断は「特に異常なし」。ウツでも更年期障害でもなく、何でもないとのことでした。

タケシさんはホッとしましたが、「このままではいけない、私が何とか妻を元気にしてあげよう」と思うようになりました。そして食事に誘ったり、近所の集まりに連れて行こうとしたり、旅行に誘ったりして、一生懸命ハナコさんを励ましました。

それでも妻は一歩も外へ出ようとしませんでした。それどころか、タケシさんと話をす

ることも徐々に拒否するようになりました。

当時のタケシさんの気持ちは、「妻が心配だ。早く元気になってほしい」ということだけでした。だから妻に対して心の中で、「地域のサークルにでも出て、自分で治る努力をしてほしい」と思っていました。しかし、その気持ちを妻に話せば話すほど、彼女は心を閉ざすようになっていったのです。

いつしか、「今日の気分はどう？」と聞いても、何も返事が返ってこなくなり、ついには会話が途絶えるようになり、タケシさんは途方に暮れていきました。

なぜ、心配する気持ちが伝わらなかったのか

ちょうどその頃、タケシさんは妻とのコミュニケーションについて考えてみようと、アサーティブの講座に参加するようになりました。

タケシさんとしては、ただただ、自分がどんなに心配しているか、妻にわかってもらいたかったのです。妻を大切に思っているから元気になってほしいこと、自分が手助けでき

ることがあったらしたいと思っていること。それを伝えたい気持ちでいっぱいでした。

タケシさんは、講座の中でくり返し、自分の優しい気持ちを伝える練習や、妻を元気づける演習ばかりしていました。

それでもなかなか状況が変わらないことに困り果てて、タケシさんは私の担当する講座に参加しました。彼はやはり、ハナコさんに気持ちを伝える練習をしようとしていました。

タケシさんのやりとりを見たあと、私はアドバイスをしたのを覚えています。

「タケシさん、それは、タケシさんが自分の気持ちを伝えるというよりも、自分の不安を解消したくて彼女を変えようとしているように見えるよ。自分の不安を解消したいことが伝えたい理由だとしたら、ハナコさんの心にはたぶん、届かないと思うな。あなたの本当の気持ちは『心配』じゃなくて、『不安』で焦っているんじゃないかしら」

彼は私の言葉を受け取って、しばらく考え込んでいる様子でした。

アサーティブ講座をすべて修了したあと、しばらくタケシさんからの連絡がなくなりました。私は気にかけつつも、何かあったらまた連絡をくれるんじゃないか、きっとタケシ

さんなりに妻との関係に向き合っているんじゃないかなと考えていたように思います。

それから2年くらい経ったころ、タケシさんがひょっこり、講座に顔を見せに来てくれました。

「タケシさん、お元気でしたか」と私が問うと、彼は開口一番、「妻と会話ができるようになりました。外に一緒に出られるようになったんです」と、嬉しそうに話されました。

「そうですか！」と嬉しくなった私に、タケシさんは次のような話をしてくれました。

＊＊＊

あのとき聞いたアドバイスを自分の中で反芻《はんすう》した。私は本当に妻の幸せを願っているのだろうか、それとも自分が不安でそれを解消したかっただけだったのだろうかと。

よくよく自分の心に聞いてみたら、少しずつわかってきた。

自分は焦っていたし不安だった。妻がこのままではダメになる。そうなると、「妻を助けられなかった」という無力な自分に向き合わなければならなくなる。

自分はこんなに必死にサポートをしているのに、なぜ妻は変わろうとしないのだろう

か。妻だって、もっと自分から治る努力をすべきではないか。妻は変わるべきで、変わろうとしない妻が間違っている。

私がこんなに努力をしているのに、妻が治ろうとする努力をしないのは、おかしい。妻は自分のことをちっとも理解しようとしていない。こっちがこんなに自分を犠牲にしているのだから、それを汲んで努力をすべきだ。

そう、思っていた。

妻に変わってほしかったのは、妻を大切にしているからではなくて、自分の気持ちを優先していたから。知らずしらずのうちに、妻に対して上から目線になっていた自分がいた。

それに気づいたとき、愕然《がくぜん》とした。

びっくりし、自分が恥ずかしく、妻に対して本当に申し訳なく思った。

それから、ようやく気づいた。

「そうか、妻は、今は引きこもりたいんだ」と。

外に行け、行けと、私に言われ続けていたのは、妻にとっては負担だったかもしれない。

彼女は、今はただ、引きこもっていたいだけなのに。

彼女にはそれが必要なことだし、その願いは、まぎれもない〝彼女にとっての真実〟であり、彼女の正直な気持ちなのに。

自分の望みをかなえようとしているひとりの人間としての妻の姿を、等身大の妻の姿を初めて目《ま》の当たりにした、という感じがした。妻の姿がこれまでと違って見えたとき、本当に驚いたし、自分がこれまで思っていた妻とは異なる姿に、どれほど自分のフィルターを通して見ていたかということに気づいて、愕然とした。

彼女には彼女の、引きこもりたい理由があるのかもしれない。それを、これまで一度も考えていなかった自分。変わるべきなのは、自分なのかもしれない。そう思った。

その日から少しずつ、妻にかける言葉が変わった。

これまでは、「もっと○○しようよ」「外に一緒に行こう」「ご飯を食べに行かない？」など、どこかで彼女を動かそうという気持ちで言葉を発していたが、その日、妻に伝えたのは、全く違う言葉だった。

「そうだよね、今は寝てたいんだよね。寝てたいんだったら、寝てていいさ。僕はいつでもそばにいるからね」

彼女は元気になるべきだ、元気になることが彼女の望みに違いない。そのために自分は何ができるか、ということばかり考えてきた。

でも、わかったのは、彼女は彼女なりにとても苦しんでいて、今はじっとしていたいんだ、ということだった。

そう感じるのは、彼女自身が〝そう感じている〟からであり、たとえ夫であっても「自分がそれを変えられる」と思うのは、おこがましい考えだったのだ。ひとりで寝ていたいという「彼女にとっての真実」を受け止めようとしていなくて、結局自分の気持ちばかりを優先していることに気づいた。

目を潤ませながら、タケシさんは切々と話してくれました。

「相手を大切にする」とは、どういうことか

「寝ててもいいよ、僕はそばにいるから」とハナコさんに伝えた後、驚いたことにタケシさん自身がとても楽になったそうです。

これまでは「妻が苦しんでいるから、自分が何とかすべきだ」「妻が変わらないのは自分の努力が足りないせいだ」と思って、自分を責めていました。

そして「自分も、実はしんどかった」ということに気づいたのです。

「いいよ、そのままで」と思えて、それを言葉に出すことができて、それから、肩にあった重い荷物が一気に消えた気がしたとタケシさんは言います。「ふっと、体が楽になって、私も深呼吸ができたんですよね。それは、とても不思議な感覚で、とても気持ちのよい体験でした」。

タケシさんの接し方が変わって3か月ほど経ったころから、ハナコさんは起き上がって、彼が持ってきたお茶を一緒に飲むようになり、さらに、タケシさんが作った朝食を食べるようにもなりました。

そして、「2年経った先月は、夫婦で一緒に旅行に行きました」と、晴れ晴れした顔でタケシさんは教えてくれました。特に何を促すでもなく、「それでいいよ、僕がそばにいるから」と言っているうちに、一緒に外に出られるようになってきたというのです。

あなたの中の何が変わったのでしょうか。

私が尋ねると、タケシさんはしばらく考えたあと、「たぶん」と言いました。

「たぶん、妻には妻なりの気持ちがあり、それは必然性がある、ということを、私が本当に理解したことじゃないでしょうか」と。

そして、こんな風に話してくれました。

「これまでは、どこかで『自分は妻を変えられる』と思ってきたのかもしれません。でも、妻の気持ちや望みを大切なものとして受け止めてから、『あなたはあなたのままでいいし、どんなあなたでも私は大切に思っていることに変わりないよ』と思えたのは、おそらく初めてだったと思います」


妻の気持ちは、妻のものだから。それは真実だから。そう、タケシさんは言いました。

相手がつらかったり、怒っていたり、悩んでいたり、喜んでいたり。それは、相手にとって真実であり、そのことを自分は変えられない。それをそのまま認めることだけ。

自分ができることは、そんな気持ちを感じている妻を受け入れ、認めること。それがいかに大切か、タケシさんは気づいたのでしょう。

「どうして、彼女の気持ちが、タケシさんにとって大事なんでしょうか」と私が聞くと、

またしばらく考えてから、タケシさんは言いました。

「妻が幸せになることが、私にとって大切なこと、だからじゃないでしょうか」

＊＊＊

タケシさんのこのストーリーから私自身も学んだことがありました。

それは、「『誠実になる』とは、自分が気持ちよくなるために相手を変えることではない」ということです。

自分が本当に大切にしていることを、自分の中にストンと落とす。タケシさんの場合は、「妻」が幸せでいることが、本当の意味で自分も幸せになるということ。

自分が満足すればよいのではなく、相手が幸せになることが自分の幸せにつながるのだと〝わかる〟こと。

生身の人間という相手を、自分の「そうあるべき」フィルターを通さずに見ること。そして、そのままの相手をOKとして、心に迎え入れること。

相手を大切にするというのは、そういうことなのでしょう。

真実を〝透明な目〟で見ることの重要性

タケシさんが2年の時間をかけて取り組んでいたのは、次のようなことでした。

・「自分がどう満足するか」ではなく、「相手が本当に望んでいることは何か」を考える
・相手の望みを、そのまま受け止める
・相手が望んでいることを理解して、自分が意地を張ることをやめる
・「相手の気持ちを自分が何とか変えることができる」と考えることをやめる
・相手には相手のストーリーがあることを、受け止める
・そのうえで、自分ができることを、毎日一つだけ、する

大切にしたい相手の気持ちを、そのまま受け止めるというのは、しんどい作業かもしれません。それは、「相手にこうあってほしい」という自分のコントロール欲望をいったん

捨てて、自分の鎧を脱いで無防備になることだからです。

自分の見えている世界が「正しい」ものではなくて、相手には相手の見えている世界があり、ストーリーがある。それを変えることはできない。

だからただ、相手を対等な人間として「受け止める」。

自分が大変だったということと同じように、相手も大変だった。その真実を、〝透明な目で〟見る。そのまま、見る。

タケシさんが妻との関係を取り戻すことができたのは、そんな彼のありようの変化が大きかったのかもしれません。

「もちろん、だからといってすべてがハッピーエンドじゃないですよ」と、彼は笑いながら付け加えました。

「毎日の生活の中では小さなけんかもするし、言い争いになることもあります。でもね、これまでと大きな違いがあるとすれば、自分が意地を張るのをやめて、早めに軌道修正することができるようになったことでしょうか。

自分が大切にしたいことは何だろうかと、自分の胸に手を置いて、自分が勝つことよりも、もっと大事なことに目を向けられるようになった。言い争いの後に、笑ってお互いを許せるようになりました」

話し終わって帰るタケシさんの背中を見ながら、ふと、ハナコさんと二人で歩く後ろ姿を見たような気がしました。

相手を責めずにはいられないとき

「少し、息子さんのことを聞かせてください」

私がそう伝えたとき、マキコさんは「まだ途上ではありますが」と少しためらってから、しばらく時間をおいて話し始めました。

息子のダイスケ君は、今でこそ仕事と趣味の音楽で元気に生活していますが、彼が大学生の頃にマキコさんがどれほど悩んでいたかを、私は知っていました。アサーティブの講座に参加していたマキコさんの課題はいつも、「息子のこと」だったからです。

息子が大学に行かない。息子の性格が暗くなってしまった。息子が何を考えているかわからない。息子が何も話してくれない。

自分はとても心配しているから、もっと自分に気持ちを話してほしいと伝えたい。

マキコさんがそう思うには理由がありました。というのも、ダイスケ君は高校卒業まではとても明るい性格で、友だちもたくさんいて、家でもよくおしゃべりをする子どもだったからです。

ダイスケ君は、都内では有名な私立大学に入りました。1、2年生のときは郊外にある学校に片道2時間半をかけて通っていたのですが、遅くに戻ってくる彼が、家で話す頻度が減ってきたことにマキコさんは気づきました。家に戻ってきても暗い顔をして自室に入り、マキコさんが「どうしたの?」と聞いても、「べつに」という返事が返ってくるだけでした。

大学でダイスケ君がどんな授業を取っているかをマキコさんは知らなかったので、彼が家にいても「そんなものかな」くらいに考えていたのですが、さすがに夏休みが終わって

から毎日家にいることが続くようになると、おかしいなと考えるようになりました。

特に理由を話してくれることはなく、1年目の取得単位はたったの2単位。2年目も同じような状況で、単位が足りず、ダイスケ君は留年することになりました。

その頃の会話をマキコさんはよく覚えていました。ほぼ毎日くり返される会話は、こんな感じだったそうです。


「どうしたの？　何か大学でイヤなことでもあるの？」

「別に」

「別にじゃないでしょ。このままだったら卒業もできなくなるのよ、わかってる？」

「わかってるよ」

「わかってるんだったら、何とかしないとダメじゃない。なんで行かないの？」

「……いいじゃん、別に」

「よくないわよ。なんで話してくれないの？　話してくれないと、あなたのことサポートできないじゃない」

「いいから。放っておいてよ」

「放っておいてって、このままじゃ、あなたがダメになっちゃうじゃない。お母さんだって、あなたを心配しているんだから」

「……」（黙って、自室に戻ってしまう）

マキコさんの「どう考えているの？」「将来どうするの？」「なんで話してくれないの？」という質問に、ダイスケ君はますます口を閉ざすようになり、夕食を家族と一緒に食べることもほとんどなくなってきました。


息子が変わってしまった。マキコさんはそんな風に感じていました。

「どうすれば、前の彼のように明るくオープンになるのだろう。これからもずっと暗い性格のままなのだろうか。戻ってほしい、前のダイスケに…」

夫に相談しても、夫は全く取り合ってくれません。「大丈夫だよ、しばらく放っておけば、きっと戻るから。お前が心配しすぎるから、ダイスケもあんな風になるんだよ」。

研究職である夫は、息子の話になると、「放っておけ」の一点張りです。

ひとり悩んでいたマキコさんは、息子が以前の明るい様子に戻った夢まで見るようになり、今の無口な息子に絶望するようになりました。

＊＊＊

ちょうどその頃でしょうか。マキコさんは出口を見つけたくて、アサーティブの講座に参加するようになりました。そこで自分の気持ちを口に出して練習するロールプレイ（役割劇）に取り組んでいました。

でも、どんなに回数をこなしても、マキコさんの口から出てくる言葉は、「息子がこのような状況だから、私は不安になる。この不安に私は耐えられない。だから、息子に変わってほしい。そうすれば私も不安でなくなるから」「息子に変わってもらいたい、元のように戻ってほしい」。

そんな主張ばかりでした。

これはアサーティブじゃない。マキコさんはわかっていました。

不安を息子にぶつけて、息子を責めている私。アサーティブは「自分も相手も大切にする」ことなのに、自分の気持ちだけを大切にしていて、彼の気持ちを考えていない私。

自分の不安は息子によって引き起こされているから、それは息子が悪い、息子が変わるべきだと責めている。

でも、どうすればいいのだろうか。どうすれば、息子を責めないでいられるのだろうか。

マキコさんは途方に暮れました。

「理解したいからこそ待つ」という選択肢

「どの講座だったか覚えていないのですが、ある参加者の方に言われた言葉に、私、はっとしたんです」と、マキコさんは教えてくれました。

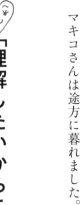

「マキコさんは、息子さんのことを理解したいんだね」と言われて、「そうだ」と、マキコさんは気づいたのだそうです。

私は、息子のことを理解したい。彼が何に苦しんでいるか、本当に理解したい。どんな

気持ちなのかを、わかるようになりたい。

息子に自分の不安を投げつけることはしたくない。だって、彼のほうが、自分よりもずっと不安なはずだから。親の私よりも、本人のほうが苦しんでいるはずだから。

息子は息子なりに、悩み、もがき、苦しみながら、生きている。自分で考えて、自分の気持ちを持って生きていこうとしている、ひとりの対等な人間だ。

私はその彼を尊重して、同じ対等な人として、見る必要があるんじゃないか。彼にも気持ちがあり、考えがあり、彼なりの価値観を持って生きている。そんな対等な人として、彼を扱う必要があるんじゃないか。


アサーティブ講座では、『自己表現の権利』（99ページ）を紹介しています。その中に、「私には、賢くて能力のある対等な人間として、敬意をもって扱われる権利がある」という一文があります。

それを、私は息子に対してしてしていなかった。彼を対等な人間として「敬意をもって扱う」ことをしていなかった。親である私と「対等に向き合ってほしい」と自分の側で願うばかりで、息子を対等に扱うことを怠っていたのは、私のほうではないか。

「そのことに気づいて、はっとしたんです」と、マキコさんは教えてくれました。

それからマキコさんは、「息子を対等な人として扱うこと」「敬意をもって接すること」、そのうえで、自分の気持ちをわかってほしいと訴えるのではなく、むしろ彼を理解したいからこそ黙って待つ、という選択をすることにしました。

「息子を理解したい。だから、自分の不安を聞いてもらおうとして主張することを、選ばないことにしたんです」


マキコさんがしていたのは、次のようなことだったそうです。

一つは、息子に普通に声をかけること。腫れ物に触るような対応はしたくなかったので、「君のこと、気にかけているよ」というメッセージを込めて、いつも通りの声かけを続けました。

「へえ、太宰治を読んでるんだ」

「ドストエフスキーの『罪と罰』って、どんな内容だったっけ？」

自分の心配や評価、是非ではない、普通の会話を心がけて、「家にいる君が本を読んでいることを知っているよ」「無関心ではないからね」という意味を込めてのメッセージを

伝えながら、「待つ」ことにしました。

二つ目は、彼からどんな答えが返ってきたとしても、それは彼の今の気持ちなんだと考えて受け止めることです。

息子から「今日は授業がない」という答えが返ってきても、「本当にないの？」などと詮索することはやめ、「そうなのね」と、ただ受け止める。どんな返事が返ってきても、「そうなんだ」「わかったよ」と、受け止めることにしたのです。

三つ目として、マキコさんは、彼を幼い頃から知っている大人と会う機会を作りました。ホームパーティーに招いたり、遊びに行って泊めてもらったりなどして、彼のまわりの人たちは、変わらず彼のことを大切に思って愛しているということを、自然に感じてもらえるような機会を作ったのです。

「あなたは大切な人だよ」と自分が彼に言い聞かせるのではなく、彼が自分で自分の存在を感じて思い出せるようにしたのです。

マキコさんは、焦って彼を問い詰めたり、反対に自分だけが抱え込むことのないように、自分のつらい気持ちを友人や講座で聞いてもらうなどして、多くの人に支えてもらっていました。

信頼される存在になることが、幸せな関係への近道

ダイスケ君が大学を卒業するまで、それから4年かかりました。結局6年をかけて、彼は卒業し、その後は彼が大好きだった音楽関係の会社に就職しました。

そして、ダイスケ君は作曲もするようになり、自分のバンドを立ち上げて活動をするようになりました。今では結構な売れっ子バンドになり、全国を飛び歩いているそうです。

卒業、就職、転職していくプロセスで、ダイスケ君はマキコさんに少しずつ自分の気持ちを話すようになったそうです。特に聞かなくても、自分から話してくれるようになりました。

「息子にとって、やっと私は信頼できる存在に近づいたのかな」と、マキコさんはつぶやきました。

「結局息子は会社を辞めてしまったので、私の心配も不安もなくなってはいません。でも、

前のように、彼の態度から自分が無力だとか、否定されたと感じることは、なくなりました。息子はそうしたいんだなと、理解できるようになりましたし。

息子も明るくなりました。歌っているときの息子の顔は、とても晴れやかで、見ていて気持ちがいいです。ロックバンドなんて、正直興味はなかったです。でも、息子の顔を見たくて舞台を観るようになってから、少しずつ彼らの歌が好きになってきて」

そう言って、マキコさんは笑いました。

「大事なのは、自分の不安を息子にぶつけることをやめたこと、ひとりで抱え込まないように周囲に助けを求めたこと、そして彼が私を信頼するまで、彼のことを気にかけながら『待つ』ということ、だったように思います。

待つことはしんどいし、心が折れそうになります。一度、お酒を飲んで言いたいことを息子にぶつけてみたことがあったんですが、『お母さん、素面《しらふ》のときに話してよ』と言われましてね。息子のほうがよほど、よくわかっていたのかもしれません。

今、不安がないわけではありません。きっと親であれば、ずっとそうなのかもしれませんが。あなたは今、幸せかと聞かれたら、幸せですと答えます。だって、息子が幸せそうだから。だから私も幸せだなと。私も私の人生を進んでいこうかなと、今は思えるように

なりました」

＊＊＊

マキコさんが、長い時間をかけて変わってきた様子を見聞きすることで、私自身たくさんのことを学ぶことができました。

子どものつらい気持ちを「わかってあげたい」と言ってしまうことがありますが、わかってあげたい、というセリフ自体、すでに傲慢なものなのかもしれません。

むしろ、「信頼してもらえる存在」に、自分自身がなること。そうすれば、相手は必要なことを必要なだけ、共有してくれるようになるのでしょう。

それは、相手に合わせて迎合したり、好かれようとして気を遣うことではなく、「ありのままの自分であっても信頼に足ることを、日常の行動や関わり方の中から、証明していくこと」なのかもしれません。

アサーティブが大切にしている心の姿勢に、４つの柱があります。

「正直で誠実であること」「率直であること」「対等であろうとすること」「自己責任＝自分のありようは自分が責任を持つこと」の四つです。

相手を変えようとするのではなく、私たち自身が誠実で率直であり、対等な目線で、誰をも責めないスタンスで立つこと。相手からの信頼を勝ち得ることができるのは、私たちのそうした心のありようの結果なのかもしれません。

自己表現の権利

1. 私には、日常的な役割にとらわれることなく、ひとりの人間として、自分の要求をはっきりと伝え、自分のための優先順位を決める権利がある

2. 私には、賢くて能力のある対等な人間として、敬意をもって扱われる権利がある

3. 私には、自分の感情を認め、それを表現する権利がある

4. 私には、自分の意見と価値観を表明する権利がある

5. 私には、自分のための「イエス」「ノー」を決めて言う権利がある

6. 私には、間違う権利がある

7. 私には、考えを変える権利がある

8. 私には、「よくわかりません」と言う権利がある

9. 私には、欲しいものやしたいことを求める権利がある

10. 私には、人の悩みの種を自分の責任にしなくてもよい権利がある

11. 私には、まわりの人からの評価に頼ることなく、人と接する権利がある

12. 私には、アサーティブではない自分を選択する権利がある

アサーティブで大切な心の姿勢

4つの柱

正直 誠実

自分自身に対して正直になり、相手にも誠実に向き合う。
自分の気持ちを誠実に受け止めたうえで、相手に誠実に伝える。

率直

気持ちや要求を伝えるときは、相手に伝わるように言葉にする。
遠回しにしたりせず、具体的に簡潔に、そして直接伝える。

対等

自分も相手も尊重した対等な態度をとる。
卑屈にならず、相手を見下すこともしない。
そしてお互いが満足する結果を求めようとする。

自己責任

自分の行動によって起こる結果に責任を持つこと。
伝える、あるいは黙っていると選択したら、その結果の責任は自分で引き受ける。

第3章

アサーティブな関係を作るための「基本ルール」

アサーティブとは、対人関係の土台となる考え方

これまでの五つのストーリーに触れていただき、共通しているいくつかのポイントがあることにお気づきになったでしょうか。

身近な人間関係ほど、お互いに誠実で対等な関係を築くには、思いやり、忍耐、想像力、自分を信じる力、相手を信じる力が必要になってきます。

時間も必要です。

「相手にどうなってもらいたいか」ではなく、「自分は何を望んでいるのか」を考えること。そして、言葉にするときは、自分も相手も責めない表現を選ぶということ。それが相手とのアサーティブな向き合い方です。

アサーティブとは、たとえ難しい人間関係であってもお互いを尊重して、自分の気持ちや要望を、言葉にして率直に伝えることのできるスキルとマインドです。１９６０年代に

アメリカに始まり、1980年代からヨーロッパにも、対人関係の土台となる考え方として広く普及していきました。

「自分と相手とは、考え方も、感じ方も、価値観も、大切にしていることも異なるし、完全にわかり合うことは難しい。でも、お互いを尊重した関わり方をすることで、豊かな人間関係を築くことはできる」というのが基本的なスタンスです。

もともとは心理学から発展してきましたが、1970年に出版されたロバート・E・アルベルティとマイケル・L・エモンズによる『Your Perfect Right』（邦訳は『自己主張トレーニング』東京図書）をきっかけに、「人間にとって当たり前の権利としてのアサーティブ」と捉えられるようになっていきました。

アサーティブなコミュニケーションは、多様な人が生きる社会ではなくてはならない考え方であり、私たちが気持ちよく社会生活を営むための基盤ともいえるものです。

考え方の対立や衝突は、家事分担であっても、子育ての考え方でも、あるいは仕事の進め方、日々の行動やモノの言い方でも、同じように起こります。価値観の異なる人間同士ですから、衝突やすれ違いは当然のことなのです。

そのときに、「相手が間違っていると攻撃する」のでも、「自分が我慢して黙る」のでもない選択肢として、アサーティブな考え方があるのです。

アサーティブとは、**「お互いが異なることを前提としたうえで、それでもともに生きていくこと」を目指して、コミュニケーションをとりながら問題を解決していく手段**ともいえるでしょう。なぜならば、攻撃も沈黙も、本当の意味での人間関係の問題の解決につながっていかないからです。

本章では、攻撃でも沈黙でもないコミュニケーションに向かうための考え方、アサーティブで大切にしている基本ルールについて、詳しくご紹介したいと思います。

心の反応スイッチを理解する

――「攻撃的」「受身的」「作為的」パターン

お互いのことが好きで、自分の気持ちも相手の気持ちもわかり合えてハッピーなときには、私たちは特にコミュニケーションを意識することはありません。

好きな相手であれば、相手から発せられる言葉が不十分であっても、その言葉の裏にある「意図」や「意味」を理解しようとしますし、こちらも誠意をもって気持ちを伝えようとします。

ところが、相手との関係が悪化してくると、私たちは相手の言動に腹を立てたり、丁寧にこちらの意図を説明して理解を求めようとする前に、言葉尻をとらえて反応してしまいます。心の中で不安や恐れの感情がむくむく湧いてくると、どうしても防衛的な反応になってしまうのです。

人間も動物も、怒りや恐怖、不安を感じるときは、防衛反応を起こします。つまり、自分がこれ以上傷つかないために相手を攻撃するか、自分の身を守るためにその場から逃げるか、という反応です。

私たちが相手からの反撃や批判、攻撃などに出合ったときに、思わず言い返したくなったり、黙ってやり過ごそうとしてしまったりすることは、身を守るためのごく自然な反応なのです。

その反応が1、2回のことであれば、それほど問題はありません。

一度きりしか話さないお店の人とか、短時間しか会わない路上で行き合う人、仕事上のお客様や取引先など、人間関係が短期間で済む場合は、たとえうまくいかないことがあったとしても「ま、こういうこともあるさ」と思って、やり過ごすことができます。また、身近な関係でも、問題が起こった初期の段階であれば、大体は乗り越えることができます。

ところが、長期的な関係となると、そうはいきません。

毎日のように顔を合わせる家族、イヤでも付き合わなくてはならない親族、仕事上で関わりを避けることができない上司や後輩、同僚など、身近な関係が長期にわたってくる場合、対立するたびに攻撃か沈黙を続けていると、次第にお互いの関係がぎくしゃくと硬直した人間関係の問題になってきます。

解決の難しい人間関係の問題になってしまったときに、その問題を解くカギはどこにあるのでしょうか。最初に認識すべきことは、対立する場面で、自分はどのように反応しがちなのかということです。心の中で反撃するためにこぶしを握るのか、それとも相手の気持ちを考えて対立を避けようとするのか、自分の傾向を認識するのです。

アサーティブでは、そうした自分の心の反応のパターンに名前を付けています。「攻撃的な反応」「受身的な反応」「作為的な反応」です。

●攻撃的な反応（ドッカン）

これは対立の場面で、自分の正当性を主張する形で表れます。こうあるべきだ、あなたは○○すべきだ、なぜならあなたが間違っているから。自分は正しいのだから、自分の考えるようにあなたは変わるべきだ、というものです。

相手が何か言ったとしても「だって、あなたが○○したからだ」と、相手のせいにして攻撃的に返します。

反対に、相手の攻撃から身を守るために、反撃するときにも表れます。「そんな言い方ないじゃないですか」「ムリだから、やめてください！」というように。

親子やきょうだいなど、安心できる関係の中で不満や怒りがたまってくると、ささいなことでも感情的になって、ついドッカンの反応ボタンを押してしまうことは、よくあることではないでしょうか。

●受身的な反応（オロロ）

受身的というのは、相手の気持ちを考えすぎるあまりに言葉を飲み込み、黙るか引いてしまう反応のことです。「対立は避けたい」「こんなことを言ってても聞いてもらえない」「関係が悪くなることが怖い」「自分がやったほうが早いし」「黙っていたほうが面倒くさくない」などの理由から、口をつぐみます。

長くこじれた関係の場合、何を言ってもムダ、どうせあなたにはわからないよね、などのあきらめの気持ちから、オロロになってしまうこともあります。相手の反応がわかる分、こちらが主張した後の結果が想像できる分、対話をあきらめて黙ってしまうのです。

相手が攻撃的である場合も、これ以上の波風を立てたくない、自分が沈黙したほうが面倒でなくなると考えて、自分の主張を飲み込むこともあるでしょう。

ただ、この状態が続くと、たまりにたまった感情がある日「ドッカン！」と爆発してしまうということになるので、注意が必要です。

●作為的な反応（ネッチー）

隠れた攻撃性を持つ対応として、作為的な反応（ネッチー）があります。その場では何

も言いませんが、心の中では相手に腹を立てていて、納得していないので、不満が後から態度になって出てきます。聞こえるようにため息をつく、わざと無視する、嫌味を言う、第三者を巻き込み相手が負けるようコントロールする、などです。

相手に腹を立ててはいるが、口に出すと関係が悪化するから、なんとなくイヤな空気や雰囲気で伝えて、「これくらいわかるはず」というオーラで示してしまうこともあります。家事をやらない家族に、大きな音を立てて食器を洗う、わざと足元を掃除する、子どもを使って「パパは暇でいいわよね～」などと聞こえるように言うなど、ついチクチクした言い方や態度になってしまうこともあります。

たとえば、こんな場面、皆さんも心当たりはないでしょうか。

連絡なく遅く帰ってきた夫に対してサオリさんの場合、
「どうしていつも連絡してくれないの？」と責めるのはドッカン。
「どうせ言っても連絡をしてくれないから」とあきらめるのがオロロ。
「家族よりも仕事の人のほうが大事よね～」と嫌味を言うのがネッチー。

お義父さんの長話を断りたいマサオさんの場合、
「お義父さん、もういい加減にしてください！」とキレるのが、ドッカン。
「相手が話したいのだから、聞くしかない」と思って聞き続けるのは、オロロ。
「お時間があっていいですね」と言いつつ腕時計をちらちら見るのが、ネッチー。

あなたはどのパターンになりがちでしょうか。誰に対して、どんなときに、ドッカン、オロロ、ネッチーになってしまうでしょうか。

相手との関係がこじれてしまったのは、自分と相手のそうした「反応」の積み重ねの結果であることがほとんどです。

もしかしたら、自分はそのつもりはなかったのに、相手が「ドッカンしたから」「オロロだったから」「ネッチーされたから」、自分がその反応になっていたんだ、という言い分もあるかもしれません。

しかし、相手の行動がどうであれ、その場で攻撃的・受身的・作為的な反応のスイッチを押したのは、まぎれもない自分自身。相手がそうだとしても、最終的に「ドッカン」「オ

作為的
攻撃的
受身的
ドッカン
オロロ
ネッチー

ロロ」「ネッチー」の行動をとったのは、自分なのです。

その事実は、まずは自分で引き受けなければなりません。

これは、自分が起こしているのだと。相手がきっかけであったとしても、起こしているのは自分自身なのだ、と。

自分の反応を認識して、「あ、自分はドッカンになっている」「自分は今、あきらめてオロロになったな」と、気づくことができれば、しめたもの。次に同じことが起こったときに、「今回は、ドッカンはしないでおこう」と、異なる対応を選ぶきっかけが見えてきます。

そう、**「スイッチを押す決定権は自分が持っている」**のです。

「ここでは、ドッカンでもオロロでもなく、アサーティブなスイッチを自分で押そう」と決めることが、関係を変えていく最初の一歩となると考えてください。

同時に、相手の言動に対して、自分がドッカンやオロロ、ネッチーになってしまうことを、過剰に責める必要はありません。自分が取ってしまう反応は、これまでの経験や記憶からやってしまう条件反射のようなもの。身を守るために必要な反応ですので、そうなる自分を責めることにエネルギーを使う必要はないのです。

それよりも、「次回は変えてみよう」と考えて、アサーティブな対応をすることにエネルギーをかけるほうが、何倍も建設的です。

アサーティブの『自己表現の権利』（99ページ）の中に、「私には、アサーティブではない自分を選択する権利がある」という一項目があります。

アサーティブでも、アサーティブでなくても、それは自分で選ぶもの。納得して行動すれば、その行動は自分が選んだものとして責任を取ることができます。

自分の反応の仕方を意識する。そのうえで、アサーティブなスキルを身につけて、いざというときのために準備をしておきましょう。

自分に誠実になる
――「長期的な望みは何か」を考える

第1章、第2章でみてきましたが、自分の反応に気づいたうえで、次に考えたいのは、「自分は何を望んでいるのだろうか」ということです。この問いを、自分の胸に手を当てて真

剣に、正直に考えてみるのです。

このとき、表面的な望みは排除します。

表面的な望みとは、

「相手には、自分の大変さをわかってほしい」

「相手は、自分のことをもっと理解するべきだ」

「相手には、もっと○○の人になってほしい」

という、相手を変える望みのことです。

そうではなくて、自分と相手のどんな関係を望むのか、長期的に、3年後、5年後、10年後、どんなものだったらよいだろうかということを考えてみます。


10年後もいがみ合っていてかまわない、と思うのであれば、特にこの場で取り上げる必要はありません。でも、いつかは仲直りをしたい、本当はもっと優しくなれる関係を持ちたい、いつの日か一緒に笑ってご飯を食べたいといった望みがあるのであれば、それを「自分の望み」として、しっかり持つことが大切です。

それは、まぎれもない「私」が心の底で望んでいることだからです。

自分が自分の人生に欲しいと思っていること、だからです。

そこを明確にすることで、話し合いの方向性が定まってきます。


たとえば、サオリさんの望みは、「一緒にいて心安らぐ家族が欲しい。夫とお互いを大切にできる関係でありたい」ということでした。

マサオさんの場合は、「お義父さんを避けるのではなく、大切な親族のひとりとして、お互いを尊敬できる関係でありたい」という望み。

タケシさんの望みは、「妻にとって、一緒にいて安心できる、信頼できる夫でありたい」。

マキコさんの場合は、「息子に信頼される親でありたい」ということでした。

それらは、相手がどうあってほしいかということではなく、「自分が本当に望んでいること」です。それを見つけること、が、アサーティブな関係を作る第一歩となります。

相手を大切にする

――「加害者」「被害者」の構図から抜け出す

「相手を大切にする」とは、具体的に、自分が何をすることなのでしょうか。

一つは、相手は問題を起こしている「加害者」で、自分は被害に遭っている「被害者」であるという視点を、いったん白紙に戻すことです。

そのうえで、相手が望んでいることは何だろう、相手が大切にしていることは何だろう、と考えます。

これはとても難しい。なぜかというと、難しい人間関係であればあるほど、自分のつらい気持ちや自分の中にたまった怒り、傷ついた感情のほうに目を向けて、そちらのほうが大切だと感じてしまうからです。

そして、「この気持ちは、相手が引き起こしたものだし、自分のほうが相手よりもずっとつらいし大変だ」と考えて、自分を被害者にしてしまいます。

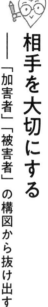

相手を加害者にすることは、簡単です。自分を傷つけた相手が悪いと責めていればよいからです。でも、それを自分は続けたいのでしょうか。

相手を加害者としか思えないとき、第2ステップに戻ってみてください。

「自分は何を望んでいるのだろう。自分が望むのは、相手を責め続けることだろうか」と、自分の心に聞いてみるのです。

「そうではない」と、メグミさんは思いました。

彼女のケースから「加害者」と「被害者」の構図について、考えてみましょう。

＊＊＊

メグミさんは40代のとき、小学校時代の同級生と結婚しました。お互いに再婚同士で、それぞれ別の仕事を持っていましたが、メグミさんはこの結婚を機に、夫が経営している会社の仕事を手伝うことになりました。

仕事場では、夫が上司、自分が部下という関係です。家庭では優しい夫でしたが、仕事

となると厳しく、言い方がきつくなることもしばしば。メグミさんは深く落ち込み、夜にひとり涙することもありました。

頼まれた仕事の内容について、「それは○○ということ?」と確認のために聞くと、「さっき言ったことを何度も言わせないで。それって、僕の時間を奪ってるって、わかってる?」

「一回で理解できないの?」

「理解力がなさすぎる」

と、批判の矢が数多く降ってきます。メグミさんにとっては、それはとても大きなショックで、彼の言動に落ち込みました。

彼から批判を受けると、メグミさんは黙り、それでも批判が続くと、「わからないことを、わからないので教えてほしい、と聞いて何が悪い!!」と反論して、大げんかになることもありました。

メグミさんは、「自分はこんなに大変なのに、相手はひどい」という気持ちから抜け出すことができませんでした。

こうした状況が1年ほど続きました。日常生活では問題はなかったのですが、仕事にな

るとお互いの関係が悪化していき、メグミさんは、彼の職場で働くことはやめようかと思うようになりました。

あるとき、メグミさんは、以前の職場から、「やってもらえないかな」と、新しい仕事を頼まれました。メグミさんとしては、自分にとってはまたとないチャンスだし、ぜひやりたいと思って、夫に相談しました。

ところが、彼の反応は、協力どころか怒りに満ちたものでした。

「こっちの仕事もまだ満足にできないのに、他のことをするのはやめてほしい」

「君は、こっちの仕事に集中すべきじゃないか」

「やっと仕事に慣れてきたのに、勝手に自分がやりたいことだけするのか」

メグミさんにとっては、最大級のショックでした。夫が応援してくれると思っていたからです。この後、二人の関係はさらに悪化してしまいました。

その夜メグミさんは、考えました。

「私はどうしたいのだろうか」

メグミさんはしばらく自分に問いかけました。

「自分は、彼との関係で、何を望んでいるのだろう…？」

メグミさんは、夫と険悪な関係だと思っていたときは、完全に彼が加害者、自分は被害者だと信じていました。彼が100％悪い、自分は100％悪くない、と。

でも、このときだけは、彼＝加害者、自分＝被害者の構図を外して、彼と自分を「同じように一生懸命生きようとしている対等な人間」という視点で見ることにしました。

そして、メグミさんは考えました。

彼が望んでいることは何だろう。

そうだ、彼にとっても、自分との新しい生活はカルチャーショックだろう。自分の妻が部下になり、他の人もいる前で特別扱いもできないし。とはいえ、私も仕事がなかなか覚えられない状況で、どのように接していいか迷っていたに違いない。

彼もきっと、私という人生のパートナーと、本当は仕事も生活もいいものにしていきたいと望んでいるはず。でも、それをうまく表現できずに、腹を立てているのかもしれない。

その前提で、メグミさんは再び考えました。

私は、何を望んでいるのだろうか？

自分も彼も大切にしたい。彼と一緒に生きていきたい。それは、変わらない。そのうえで、今の膠着《こうちゃく》した状況を変えるために、もしも私ができることがあれば、それは何だろう。

仕事でわからないことについて、いろいろと相談する時間を取ってもらえるよう頼んでみること。そして、これまでのわからないことを確認したり、彼から具体的にやり方を教えてもらったりする。そうすると、仕事に対する自信がつくし、彼と話し合う時間を今よりももっと取ることができるはず。

そして、自分のやりたい仕事についても時間を確保できるように、彼と話し合って時間を調整したい。

そんな風に考え続けて１週間が経ちました。

＊＊＊

お互いの波立った気持ちが落ち着いたころ、メグミさんは夫に伝えることにしました。

「今、いいかな」とメグミさんは、話しかけました。

「なに」

「この前は、感情的になってしまって、ごめんね」

「いや、僕もちょっと言い過ぎたかもしれない」

「それでね、わたし、考えたんだけどね」

そう言ってメグミさんは深呼吸をし、言葉を続けました。

「私が一番大事にしたいのはあなたとの関係。それは変わらない」

「……」

「でも最近は、仕事のことになるとぶつかることが多くて、険悪なムードになってしまうじゃない。そういうことが続くと、私たちの関係が悪くなるんじゃないかと思って、それがすごく心配で、正直めちゃめちゃ落ち込んでしまうの。その仕事のムードで、今の私たちの新しい関係を壊したくないのよ。あなたとの関係は、一番大事にしたい。それは知っておいて」

夫は穏やかに小さくうなずきました。

「あなたが大事に思っている仕事を、私も大事にしたい。それも変わらない。できる限り

サポートしたいし、そのために努力もする」

「うん」

「でもね、今回の仕事は、私にとってもとても大切なことでね。これまで数年間、一生懸命に自分のキャリアのためにもやってきたことだから、このチャンスを逃したくないの」

「……」

「それで、一度ちゃんと話す時間を取りたいの。あなたの仕事で、私まだわからないことがたくさんある。それについて教える時間を取ってもらいたい。それから、私のやりたい仕事について、私がどう考えているか、丁寧に説明する時間も欲しい。やるかやらないかは置いておいて、私が大切にしていることをあなたにも理解してほしいから。そして、どうしたらいいか一緒に考えていきたいの」

しばらく考えて、夫は「いいよ」と、静かに答えました。

自分のことも相手のことも責めない

——「誰か」のせいにしない

メグミさんのストーリーの中で、とても大切なポイントがあります。

それは、話し合いの中で、「自分のことも相手のことも責めない」を、徹底的に意識していることです。

自分の感情を相手のせいにして責めることも、生じてしまった問題を自分のせいだと責めることも、メグミさんはしませんでした。

相手は相手なりに、一生懸命やっている。そして、自分も自分なりに、一生懸命やっている。それでも、問題があるし、けんかになることもあるし、うまくいかずに落ち込むこともある。

お互いがそれぞれ、ベストを尽くしてやろうとしている事実に変わりはないのです。

なので、話し合うときには、「あなたが悪い」「私が悪い」というところに立って応酬す

るのでなく、あなたも頑張っているひとりの人、私も頑張っているひとりの人、という対等な土台に立って、向き合ったのでした。

相手を責めてしまうのは簡単です。でも、そうすると、相手は防衛反応として、反撃するか沈黙します。それは、相手から責められたときに、自分が反撃するか、沈黙するかを選択しがちになるのと同じです。

責めるという安易なやり方を使うことなく、こんなスタンスで行けば、不毛なけんかを避けることができるでしょう。

- **あなたが一生懸命やっているのは知っている、私も私なりに一生懸命やっている**
- **そして、私はあなたと私が、お互いにハッピーになれる方法を探したい**
- **そのために、私もこの部分は変えていく。なので、あなたにもこの部分について協力をお願いできないだろうか**

メグミさんは、最後にこんなことを話してくれました。

「今も、夫に批判をされたら、思いっきり反撃したり、反対に黙ってしまうこともありま

す。ですが、これも神様がくれた『アサーティブになるチャンス』だと考えてあきらめずに、誠実に、率直に、対等に話し合える関係を目指していきたい、という気持ちに変わりはありません。そして私自身が、どんな人生を選んだとしても、自分に『イエス』と言いたい。夫が自分らしく生きていくことを応援したい。その気持ちは、以前よりも強くなっていると思います」

メグミさんが意識した「責めない表現」とは、具体的にどのような表現なのでしょうか。

●「人」ではなく「コト」にフォーカスする

「あなたが一方的だから、私はイヤになってしまう」と、相手を主語にして伝えるのは、攻撃的な対応となります。

「あなたが」ではなく、「仕事のムードが私たちの関係に影響を及ぼしてしまうことが、私は心配だし、正直つらい」と、起きている事柄に対して自分を主語にして伝えます。

つまり、「あなたが○○だ」という「相手メッセージ（You message）」にならないこと。

「ノー」を伝えるときのポイントでも触れましたが、これは、責めない表現として、特に

重要なことです。

「お互いの関係で××ということが起きている、そのことは私はよくないなと思う」と、事柄に対する「自分メッセージ（I message）」にすることは、自分の考え方としても表現としても、アサーティブの基本です。

誰々が悪いと犯人探しをするのではなく、「コト」にフォーカスして、「一緒に『コト』の問題を解決したいのだ」と提案してみてください。

●肯定的に始める

怒った気持ちで相手に何かを言おうとすると、どうしても「あなたのココがイヤだ」と、相手のネガティブな部分ばかりが見えてしまいます。そしてその問題だけを相手に突き付けて、解決を迫ろうとしてしまいます。

アサーティブな話し方を意識するのであれば、どんなときも肯定的に話し始めることを忘れないことが必要です。それが難しい課題であればあるほど、そうです。

難しい課題でなくても、特に身近な関係においては積もり積もった「イヤなこと」に目が向きがちです。でも、相手という存在のよい面もイヤな面も含めて向き合おうとするの

ですから、そのよい部分をまずは認めて話し始めたほうがうまくいきます。

シンプルに、

「この前は、手伝ってくれて助かった。ありがとう。それでね…」

「あなたと良い関係を作りたいから、正直に話をするね」

などと切り出します。

相手も、「またイヤなことを言われる」と思うと身構えますが、肯定的に始めてもらえれば、「この人は自分を責めたいのではなく、話し合いを持ちたいのだな」と、理解しやすくなります。

自分としても、そもそもなぜ自分がこれを話したいかを思い出すことができるでしょう。「この人と良い関係を作りたいために、私は話をしているのだ」と。

●自分の要望は具体的に伝える

やってしまいがちなのが、「あなたがこうするのは、私、イヤなんだよね」「○○についてては、腹が立っているんだよ」と、自分のネガティブな感情だけを伝えて、話を終了してしまうことです。

気持ちを伝えることは、アサーティブではOKなのですが、それだけで終わるのはお勧めしません。むしろ「傷ついたんです」「イヤでした」と気持ちだけを言って終了する表現は、相手にその後の判断を任せた一方的な主張となるので、注意しましょう。

大切なのは、「だから、私は何を望むか」を、明確に言葉にすること。

「君が相談なしで決めたのは、正直イヤだしショックだった。僕としては、話し合う時間をとってから一緒に決めたいんだよ」

「職場で怒りムードで話すのは、私にとってはつらいことなの。だから、お互いの問題は、職場の外で話したいと思っている」

あるいは、シンプルに、

「このことでとってもつらい気持ちになるのよ。それを知っておいてほしいんだ」

などです。

くれぐれも、話し合うときは、自分の要望を明確にしてから伝えるようにしましょう。自分の要望が明確でないのであれば、むしろ「今は話す段階ではない」として、時間をとって考えてもよいかもしれません。

小さな信頼の種をまく
——長い目で考える

人間関係は、すぐに壊れたり、修復できたりするものではありません。

長い時間をかけて、関係が徐々に悪化した。それに気づいたときには、大きく溝が広がっていたということが、ほとんどではないでしょうか。

だとすれば、その溝を埋めていくためには時間がかかる、ということを肝に銘じて進めていくしかありません。

自分が望むことを明確にする。そして、相手が望むことも考える。

相手を加害者、自分を被害者という構図に置くことからいったん離れて、そのうえで、少しずつ時間をかけて進んでいきましょう。5年かかって悪化したのであれば、5年かけて修復するつもりで。

具体的には、次のことを意識してみてください。

①小さな信頼を積み重ねる

バラの花束を買うとか、旅行をプレゼントするなど、劇的なことを行う必要はありません。むしろ、小さな信頼の種を毎日まくことを意識します。

「ありがとう」と言う。

「お疲れさま」とねぎらいの言葉をかける。

「一緒にやろうか」と申し出る。

相手が大切にしていることを同じように大切にする。

話をゆっくり聴く時間をとる。

何気ない話題で一緒に笑う。

②早めに謝る

それでも、失敗することはあります。つい、言い過ぎた。また黙ってしまった。また、はっきり言えずに、遠回しに責めてしまった。感情を爆発させてしまった。

それも「あり」と考えて、早めに修復をしておきましょう。

具体的には、早めに謝ること。できればその日の夜に、遅くても翌日から数日内には。たくさん言う必要はありません。

「ごめんね、この前は言い過ぎちゃったね」

「また、はっきり言えずに黙っちゃったよね、悪かった」

謝ることには勇気がいりますが、早いほうが簡単です。遅くなればなるほど、言えない言い訳を自分の中で積み上げてしまい、ますます言い出すのが難しくなります。

そして言えないままでいることは、「だって、相手が〇〇だから」と相手のせいにしてしまうという悪循環につながってしまうのです。

スマートに言う必要はありません。ひとこと、「昨日は、言い過ぎた。ごめんね」。これだけでいいので、早めに謝ることを心がけてください。

③時間がかかることを知っておく

1週間や1か月で、お互いの関係が劇的に変化するということは、まずはありません。お互いに意地もあるでしょうし、解消されない怒りや悲しみがたまっているので、自分の

心に折り合いをつけるのには時間がかかります。

少なくとも半年から1年はかかるつもりでいてください。

むしろ、それくらいの時間がかかると思えば、毎日の変化は、小さなことでよいと思いやすくもなるでしょう。

半年も歩いてくれば、振り返ると小さな道ができているはず。あなたの道と、そして相手の道が並行して続くようになる時期が、きっと来るはずだと信じながら、毎日毎日、自分のために続けるつもりで、やっていきましょう。

責めずに伝えるためのポイント

「人」ではなく「コト」にフォーカスする

主語を「あなたが」にした You message（相手メッセージ）にならないようにする。

「お互いの関係で××ということが起きている。それを私は心配している」というように、「コト」にフォーカスし、主語を「自分」にした I message（自分メッセージ）で伝える。

肯定的に始める

怒った気持ちで何かを言おうとすると、相手は身構えてしまう。

「イヤなこと」に目を向けるのではなく、「あなたと良い関係を作りたいから、正直に話をするね」など、肯定的に始めることで、理解してもらいやすくなる。

自分の要望は具体的に伝える

ネガティブな感情だけを伝えて終わらせないようにする。

たとえば、「ショックだった。話し合う時間をとってから一緒に決めたい」など、「だから自分は何を望むのか」を明確に言葉にする。

第4章

力関係がはっきりしているとき

上下の力関係が明確なとき、対応の難易度は高くなる

人間関係の中に、上下の力関係が入り込んできたときどうすればよいでしょうか。

相手が自分より、立場も年齢も経験も上のとき。

たとえば、職場で権限を持ち、自分よりも明らかに上のポジションの人が、自分に対して強い態度で接してくるとき。

あるいは、学校や地域の人間関係で、相手のほうが経験値も年齢も上のとき。こちらが誠実に対等に話をしようとしても、そんな自分に対して常に〝上から〟接してくるとき。

力関係が存在する場合、関係をアサーティブなものに変えていくのはハードルが上がります。どちらかが自分のほうが強い、強くあるべきであり、それは変える必要がないと考えているときに、悪化した関係を変えていくヒントはどこにあるのでしょうか。

この章では、相手が強いとき、自分が強くなるとき、それぞれのアサーティブなアプローチについて考えてみたいと思います。

立場が上の人との関係が苦痛になってきたケース

アユミさんは4月から、子どもの学校のＰＴＡ役員になりました。去年までは別の委員会で書記をしていたのですが、今年はメインの三役のうちの副委員長に選ばれてしまいました。

副委員長は委員長をサポートし、委員会のメンバーの意見を聞きながら取りまとめをするという役割です。まじめで聞き上手なアユミさんは、その役に向いていました。

委員長は先輩ママのワカコさんで、アユミさんとはとても親しい間柄です。

ワカコさんは自分よりも一回り年上の40代で、3人の子どもの保護者です。オープンな性格で社交的、自分の意見はいつもはっきりと伝えるタイプで、これまで上の2人の子ども時代にもＰＴＡ役員の経験があります。

発言力や影響力があるため、委員の若いママたちからは絶大な信頼を得ていました。気難しい副校長先生にも、地域の長老に対しても適切な対応をしていて、学校関係者からは

一目置かれる存在です。

アユミさんは、ひとり息子の小学校の入学式で、たまたま隣に座っていたワカコさんにいろいろと学校のことを教えてもらって以来、親しくなりました。ＰＴＡ活動も、はじめはワカコさんに誘われて入り、翌年も「一緒に来てよ」と強く請われて、２年連続で一緒に活動しています。

ワカコさんにはプライベートの悩みなどもいろいろと聞いてもらっていて、姉御肌の彼女のことを、アユミさんは頼りになる人として、慕っていました。

月に2回あるＰＴＡの委員会に集まるのは30代の委員が主ですが、ほとんどはくじ引きや推薦で選ばれた保護者であり、ＰＴＡ活動にそれほど熱意を持っていません。

委員会が開かれても、だいたいは委員長が議題を読み上げ、「何か意見はありませんか」と言っても何も反応がなく、その場で委員長の言うとおりに物事が決まっていくという流れが常態化していました。

4月からは、しばらく家庭の事情でワカコさんが参加できないことが続いたので、アユミさんは副委員長として同世代のママたちを励まし、なるべく皆から意見が出る雰囲気に

なるよう工夫をしてきました。一方通行のやり方ではなく、グループで議論をしたり、ホワイトボードを使って全員参加型で会議を進めたりして、皆が楽しくできるように工夫をしてきたのです。

そのせいか、委員会の雰囲気もよくなり、積極的な意見が出るようになってきました。

ところが、6月にワカコさんが会議に委員長として参加するようになってから、急に雰囲気が変わってきました。ワカコさんは、持ち前のスピード感と経験からくる豊富な知識で、会議をリードします。若い委員が意見を言っても、最後まで聞くことなく、「だったら、こういうことだよね。○○でいきましょう。絶対こうしたほうがいいから」と、テキパキと進めていくのです。

会議のスピードは上がり、無駄なおしゃべりはほとんどなくなりました。ワカコさんが委員長として会議を仕切り、提案や結論を出し、さっさと若いメンバーに仕事を割り当てていくからでした。学校のイベントについての議論でも、ワカコさんがこれまでの経験から、ほぼ会議の方向性を決めていきます。

「○○さんどう思う?」とアユミさんが他の委員に聞き、「そうですね……」と言い始め

ると、ワカコさんはすぐに「だから、××が絶対いいから。そうしてください」と、一方的に決めつけていくだけでした。

アユミさんも他の委員も、次第に会議での発言をあきらめるようになりました。何か言ってもどうせひっくり返されるだけ。だったら、何も言わないほうがいい。黙ってワカコさんに従えば何も問題ないし。そもそもワカコさんが間違えることはないのだから。

アユミさんは少しずつ、ワカコさんと距離を置くようになりました。以前は尊敬していたワカコさんですが、関係が遠くなると、これまでは「頼もしい」と感じていたワカコさんの話し方を、「一方的で強引すぎる」と感じることが増えてきました。

先日も別テーマの会議の席で、子どもの安全について話し合っているときに、後半からワカコさんが遅れて入ってきました。皆の話を5分も聞かないうちに、

「それだったら、××すべきでしょ」

と、少し怒った調子で指示を出して会議は終わりました。

皆「またか……」という感じで口を閉じ、ワカコさんの意見の通りになりました。

決定
OK
OK
OK

何とか反論を試みたけれど…

アユミさんは翌日の昼、二人だけになったとき、思い切ってワカコさんに言ってみました。

「昨日の午後の会議だけど、あんな風に急に入って意見を言ったら、他のメンバーが何も言えなくなる気がしますが」

「そんなこと言ったって、そんなあやふやな知識でイベントを開催しても、正しい方向で考えないと事故が起きるかもしれないでしょ」

「確かにそうだけど…」と、アユミさんは何とか反論しようとしました。

「でも、みんなからいい意見が出ていたので、あんな風に決めてしまうのはどうかと思うんです」

「そもそもみんな、安全管理の意識が甘いわよね。単なるイベントじゃないし、学校内で前に事故があったことを知らないで、あんな発言をしていて」

「……」

「事故がないようにしなきゃいけないでしょ。だいたい、副委員長のアユミさんだって、もっとしっかりしてほしいわ」

批判の矛先は、アユミさんのほうに向かってきました。

アユミさんは黙って言葉を飲み込みました。

その後、アユミさんはさらにワカコさんから距離を置くようになりました。ついには、一方的な上にコントロールが過ぎる、イヤな先輩だとさえ感じるようになってきました。

他の委員のメンバーも、ワカコさんが来るといつも黙るようになり、意見があっても一切発言をしなくなりました。

＊＊＊

秋が終わり、「ひとりで発言するワカコさん」対「何も言わないメンバー」というギクシャクした雰囲気のまま冬休みを迎える頃、アユミさんは「このままではよくないな」と

考えるようになりました。

自分はワカコさんからずっと逃げている。何か言っても言い負かされるだけだと考えて、あきらめている。これまでかわいがってきてもらったこともあったし、あんなに仲がよかったのに、今は気持ちが離れてしまった。

でも本当は以前のように、なんでも話せる関係になりたい。そして、委員長と副委員長として協力して3学期に備えたいのに。他のメンバーと一緒になって、ワカコさんと距離を置いているのは私が本当に望むことなんだろうか。

アユミさんは考えました。ワカコさんはとても頼れる人なのに、今は彼女のことを避けている自分がイヤでもありました。

（どうしよう…）

アユミさんはアサーティブなアプローチを考えてみることにしました。


自分の反応はどうか。

アユミさんはいつもオロロで接していました。相手は強いし､何を言っても論破される。関係は壊したくない。そんな思いから、自分から意見を言わないで受け身になって、ＰＴ

Aの責任は全部ワカコさんに任せていました。

これは私が望むことなんだろうか。

私はどうしたいのだろう。

本当はワカコさんと協力して、委員会を運営したい。メンバーがお互い率直に意見交換し、必要であればワカコさんとも話し合って問題を解決できる委員会にしたい。ワカコさんが一方的だからと考えて、彼女と距離を置くのは、本当はやめにしたい。

そう思ったアユミさんは、自分を責めない、相手を責めない、アサーティブな伝え方で、自分の気持ちを伝えてみることにしました。

自信を持って意見を伝えるための道すじ

この場合のアサーティブに伝えるポイントは何でしょうか。

・起きている問題を一緒に解決したいと話し始める

・相手（ワカコさん）の立場を理解し、共感する
・自分の心配や不安についても、正直に伝える
・そのうえで、率直にお願いする
・自分も協力することを伝える
・なるべく対等に、オロオロにならずに、話を進める

以上のことを意識して、アユミさんはワカコさんと話を始めました。


「ワカコさん、ちょっと相談があるんですけど、今いいですか」

「なあに？」

「いつも会議でしっかりとした方向性を出してくださって、ありがとうございます。私たち、知識も経験もない中で議論しているので、ワカコさんがいろいろとアドバイスしてくれることで、ここまで来ることができました」

「みんなも頑張ってきたと思うわよ」

「それで相談というのは、3学期からの会議の進め方についてなんです」

第4章

力関係がはっきりしているとき

「何なの?」

「ワカコさんのアドバイスのおかげで、物事がスピーディーに進んでいることはいいのですが、他の学年の委員さんたちから『どうせワカコさんが決めてくれるから、何もしなくていいわよ』『3学期は出なくていいよね』という声が聞こえるようになっていて」

「え? そうなの? 誰、それ言ってるの?」

「誰というか、会議のあとに話がされていて雰囲気が悪くなっているんです」

「やだ、それって、私に直接言うべきだよね。陰で言うのって最悪じゃん。それをアユミさんに言わせるのって、ひどいわ」

「そうなんですけれど…。(深呼吸する)でもワカコさんって、なんでもはっきり言うし、理論的だし、反論する余地ないし、なかなか意見が言えない人も多くて…。私だって、正直、意見、言えないです」

「アユミさんも、なの?」

「はい。そうです」

「なんで? 何でも話してくれているはずじゃないの?」

「(深呼吸して落ち着いて)私も何も言えなくて黙ってました。会議のメンバーが不満に

感じていることを、ワカコさんにちゃんと伝えてこなかったです。ごめんなさい。副委員長だから黙っていればいいと思っていました。それでいろんなことが決まっていくなら、ワカコさんに全部任せておけばいいよねって。

でもそんな風に、委員の人たちがバラバラになって、ワカコさんだけが進めていくのは、やっぱりいけない。本当だったら、委員会を意味ある場にしていく責任を、私もちゃんと取っていかないといけないなと、思うようになったんです」

「(ちょっとびっくりした様子で) そう…」

「ワカコさんとしても、私たちが頼りないからたくさん意見を出されているんですよね」

「だって学校の安全のことを考えると、口出しせざるを得ないわよ。みんな好きなこと言って、最終的に、責任は私が被らなきゃいけないんだから」

「…わかります。ワカコさんが心配されて発言していることは。それも含めて責任を全部お任せしてきたのは、私もよくなかったです。

ただ…このままだと『ワカコさん』対『委員メンバー』の形になって、ワカコさんの負担も増えるし、みんなのモチベーションも下がるのは、やっぱりよくないと思うようになって」

「ふーん。でも何か案でもあるの」

「考えてみたんですが、私の方で委員の人たちの思いをそれぞれに聞いて、意見をまとめようかと。みんなの参加も促します。会議自体はゆるい話し合いの場にして、そこは私に任せていただいて、ワカコさんには最後15分くらいで全体をまとめてもらう。3学期はそんな進め方でやってみてはどうかなと」

「そんなので変わると思えないけど」

「そうですよね。それは私もわかりません。でも、このままみんなの心がバラバラで終わるのではなく、一度みんなの気持ちを聞く場を設けて、最後に気持ちよく引継ぎできるようにしたいんですよ。私も逃げてばかりだったけど、これからはワカコさんだけに任せるんじゃなくて、ちゃんと関わるようにしますから」

「なるほどね。あなたがそう言うなら」

「一度、私の提案を考えてもらっていいですか？　次回の会議まではまだ少し時間がありますから、もう一回、二人で話して、最終的に今後の方向を考えるという形で。一度、お願いします」

「考えてみるわ」

「聞いてくれて、ありがとうございます。今後もワカコさんとは委員を一緒にやって盛り上げていきたいので、私も頑張りますね」

アユミさんは、オロロになることなく、ワカコさんと対等に、堂々と自分の提案を伝えることができました。

そしてこの会話をきっかけとして、アユミさんは徐々にワカコさんのことを怖がる必要がなくなってきました。これまでは何か言われたらどうしよう、批判されたらどうしようと、そればかりを心配していたのですが、アユミさんの中でもこれをきっかけに、ワカコさんに対する見方が変わってきたのです。

たとえ何か言われたとしても、それはワカコさんが委員会や子どもたちのことを心配しているからだ、と思えるようになってきました。とすれば、ワカコさんに「自分もしっかりフォローするので心配いらない」と自信を持って伝えて、自分ができることをやればいいと思えるようになってきたのです。

アユミさんは、日常の小さなことでも「私は、こっちがいいと思う」「別のやり方をやってみませんか」と、率直に、自信を持って伝えられるようになってきました。

もちろん、このストーリーのようにうまくいくとは限りません。でも、自分の向き合い方が変わることで相手の反応が変わるということは、多々あるはずです。

相手は「加害者」、自分たちは「被害者」という視点を、いったん白紙にする。

そのうえで、お互いが満足する結果を描きながら、小さな一歩を提案し、自分にできることをしていく心構えを見せる。

そんな向き合い方を心がけることで、アユミさんがこれからも強い立場の人と良い関係を築いていく道すじが見えてくる気がします。

心を閉ざした後輩との関わり方を変えたい

自分が弱い立場であるとき、強い立場の人との関わり方を変えるためには、「相手＝加害者」「自分＝被害者」の構図から出て、相手の状況を理解しながら自分の主張をしっかりと伝えるということが、アサーティブなアプローチのカギでした。

それでは、自分が立場上、役割上、強くなってしまうとき、相手が弱い立場であるとき、

アサーティブな対等な関わりをどのように作っていくことができるのでしょうか。

トオルさんは、営業チームの中堅社員です。営業所は40代以上のベテラン社員ばかりで、長らく一番下のポジションで仕事をしてきました。

そこに、新人のユカリさんが入ってきました。

ユカリさんはトオルさんよりも10歳年下で、趣味は読書や音楽鑑賞というインドア派。おとなしく内向的な性格で、完璧主義です。

一方、トオルさんはスポーツ好きで、休みの日にはサッカーをしたり、大学時代のサークル仲間と飲みに行ったりします。ユカリさんとは正反対の性質でした。

トオルさんは、最初のうちはユカリさんを飲み会に誘ったり、仕事の相談に乗ってあげたりしていました。ユカリさんも、人間関係を作ろうと思っていたのか、誘いにも時々は乗ってきて、一緒にご飯を食べることもありました。

でも共通する話題を見つけることが難しく、一生懸命話しかけても、ユカリさんは「はあ…」「そうですね…」くらいの返事しかしないことが続き、トオルさんもわざわざ誘うことをためらうようになってきました。

第4章
力関係がはっきりしているとき

入社して1年目が終わる頃、ユカリさんはやっと仕事を覚えてひとりで取り組めるようになりましたが、もともと内気な性格もあってか、なかなか報告や相談をしてくれません。頼んでいた報告書も、「大丈夫?」と聞いて頼んだときは、「大丈夫です」と言って引き受けるものの、締め切り日になって「どう? できた?」と聞くと、「まだです…」と言って、できていないことがわかるということが何度か続きました。

最初のうちは、トオルさんも「どこがわからないのかな」「教えてあげるよ」と優しく聞いていました。しかし、さすがに何の相談もなく締め切りが守られないことが続いたある日、「なんでできないの?」「相談してって言っているよね」「こっちも困るんだけど」と、キレ気味に言ってしまいました。

「すみません…」

ユカリさんの答えに対して、トオルさんは、

「すみません、って、前も言ったよね」

「何度すみませんと言えば、できるようになるの」

「いつになったら、できるようになるのかな、いい加減しっかりしてよ」

というように、だんだんと感情の歯止めが利かなくなっていました。気づいたときには怒っている状態が30分以上続き、ユカリさんは黙って下を向き、涙ぐんでいました。

その翌日から、ユカリさんは体調不良で仕事を休みました。

翌週ユカリさんが出勤してきたので、トオルさんは、「この前は言い過ぎたよね。でも、相談してくれないと自分も困ってさ…」と言ったのですが、ユカリさんは「すみません」と言ったまま、目を合わさないようになってしまいました。

上司から呼び出され、何があったんだと問われたトオルさんでしたが、状況を説明したところ、「これからは気をつけるように」とだけ言われて、大ごとにはならずに終わりました。

ところが、本当に大変になったのは、それからでした。

ユカリさんから書類は提出されますが、その間の相談も、連絡も、日々のコミュニケーションすら一切なくなってしまったのです。

「どうなっている?」とこちらから聞けば、「大丈夫です」という返事。でも、それ以外の会話は、ゼロ。こちらから聞かなければ、ユカリさんからの相談はなし。

書類の提出期限には間に合っているのですが、書類は常に外出中のトオルさんの机の上に置いてあって、帰ってくるとユカリさんは退社している。そんな状況が続きました。

トオルさんと目を合わせて話すこともなくなりました。

言葉数が減り、休憩時間も、自分を避けるようにスマホを見ていたり、ひとりで外に出てしまう。雑談で話しかけても、顔をあげることもなくなり、「そうですね」という生返事。

そんなユカリさんに困惑し、時にはイライラしたものの、前回のように問い詰めるのは明らかに逆効果だとトオルさんは思いました。

ユカリさんが休んでは困りますし、万が一にでも「パワハラです」と上司に言われては大変なので、ユカリさんへの対応は、腫れものに触るかのようになってしまいました。

ユカリさんが困った様子になると、「大変？　だったら僕がやっておくよ」「この仕事、大丈夫？　無理だったら言ってね」と優しく言っては、トオルさんが自分でユカリさんの仕事を引き取るようになっていきました。

コミュニケーションが成り立っていない。まずい。

自分もどんどんユカリさんに関わろうとする気持ちが薄れてきている。お互いの関係が

悪化している。

そう感じるようになって、何か月か経ちました。

でも、どうまずいのか、どうすればよいのか、どう声かけをしたらよいかわからず、トオルさんは途方に暮れていました。少なくとも、「ユカリさんが萎縮しないように気をつけて、できる限り自分がフォローする」というやり方しか、今のトオルさんには見つけることができませんでした。

このままでは、仕事もうまく進まないし、ユカリさんの成長にもなりません。トオルさんの負荷も増えてしまいます。お互いの関係は悪化の一途をたどることになりそうです。

トオルさんは何とかアサーティブにアプローチして、お互いの関係を変えていきたいと思いました。

下の立場の人と対峙するときのポイント

この場合のアサーティブに伝えるポイントは何でしょうか。

どのようなスタンスで向き合えば、対等で誠実で率直な物言いになるのでしょうか。

自分がそのつもりではないにしても、相手は自分のことを「悪い人」と思っているかもしれません。自分だって内心では、「ユカリさんがしっかりしてさえくれれば」と、思っているところがあります。

「相手が悪い」「自分が悪い」という思い込みをいったん白紙に戻したうえで、アサーティブに向き合うとするとどうなるのか、具体的にアプローチを考えてみましょう。

・相手のよい点についてはしっかりと認める
・相手の気持ちや思いを十分に理解して、反論しないで受け止める
・自分の責任を認め、自分ができることを提案する
・腫れ物に触るような関わり方をやめて、普通に付き合う

それを意識した上で、トオルさんはユカリさんと業務の打ち合わせが終わった後に、話を始めました。

＊＊＊

「ユカリさん、少し話をしたいんだけど」

「はい？」

「これまで入社して、業務のまとめや日常の記録については、いつもとても詳細に書くことができていて、わかりやすいよね。でも、なかなか相談してくれないし、『できました』のひとこともないし。なんでかな」

「……」

ここで、会話が途切れてしまいました。

案の定、ユカリさんは目を伏せて、貝のように黙ってしまいました。

このままでは、再びぎこちない空気が二人の間に漂ってきそうです。

ここでトオルさんがすべきことは、自分は相手を言い負かすつもりも、自分の正当性を主張するつもりもなく、本当に相手の状況を理解したいのだということを、理解してもら

うことです。

そのためにも、トオルさんは質問の仕方を工夫する必要があります。

「なぜ」「どうして」という「聞いた質問」（オープンクエスチョン）では、相手は詰問されたと解釈して口をつぐんでしまいます。

そうではなく、**相手がどんなところで困っているのかを想像した上で、「○○かな、△△かな、それとも××かな」と、〝あたりを付けて聞く〟**のです。

するとユカリさんは、この範囲であれば答えてよいのだと安心して、自分の状況を伝えやすくなります。

トオルさんは、もう一度、やり直すことにしました。


「ごめん、ユカリさんを問い詰めるつもりじゃないんだよ、本当に。君がどのあたりで困っているのかをちゃんと理解して、それで、何とか協力して、一緒に仕事を進めたいからなんだ」

「……」

「相談しづらい理由として、僕のほうでもいろいろ考えてみたんだけど」

「……」

「もしかして、全部できていないと相談しちゃいけないと思っているのかなあ、とか。それとも、僕が話しかけてほしくないオーラとか出していたのかなあ、とか。何を質問していいのか、相談していいのかわからないのかなあ、とか。なんか、そんなところで、ユカリさんの気持ちに合っているものってあるかな？」

しばらくユカリさんは黙っていました。

トオルさんも、ここまで言って息をつき、ドキドキしながらユカリさんの答えを待つことにしました。

「トオルさんって、いつも忙しいじゃないですか、外出多いし」

「……」

「そうでなくても、先輩たちの案件を抱えて忙しそうですよね」

「確かに…そうだけどさ」

「わたし、仕事が遅くて迷惑ですよね」

「えっ…」

「……」

「迷惑になると思っていたの？」

「はい」

「そっか」

トオルさんは、初めてユカリさんの気持ちを聞いたように思いました。

まさか、自分に迷惑をかけたくないと思っていたなんて。

「迷惑だと思ってたんだね…」

「だって、イヤそうな顔をされてますし、わたし、避けられているし…」

「えっ、避けてたっけ？」

「……」

「そんなこと、あったかなあ？」

「だって、先月の会議の後もすぐ、上司と飲み会の話をしていて、わたしがレポートについて話そうとしたら、『あれは、いいよ』って、それだけで」

「そっか、あれね……」

なるほど、彼女は彼女なりに、自分の対応がつい素っ気なかったときなどに、迷惑に思われていると感じていたのか。

トオルさんは驚いたと同時に、初めて、少しだけ心が通い合ったような気がしました。

「そんなことないからさ、気にすんな」と、前の自分だったら、ユカリさんの気持ちを否定していたかもしれません。

でも、今回トオルさんは、ユカリさんの気持ちをそのまま受け止めることにしました。

「そうか、確かに。自分もそう思わせるような態度をしていたかもね」

「……」

「というか、自分もどうしていいかわからずに、もしかして素っ気ない態度をとっていたと思う」

「……」

「ユカリさんがそう思っていたことがわかって、ちょっとびっくりして、ちょっと、安心した」

「…そうですか…」

「うん。まずは気持ちがわかったから。どうしたらいいいか、僕も考えてみるよ。でもね、自分はユカリさんにはもっともっと成長してほしいと思っているよ。前と比べて自分なりに考えて、お客さんのところに提案しに行こうとしているのは、知ってるし」

「……」

「だから、二人でいいチームを作って、もっともっと成果を上げられるように、僕ができることは何かを考えたいんだよ。大事なメンバーだと思っているから、さ…」

「はい…」

ユカリさんの顔が心なしか、明るくなったように見えました。

＊＊＊

その会話をきっかけに、少しずつですが、トオルさんはユカリさんの気持ちを理解したり、何に困っているかを丁寧に聴くようになりました。

「頑張れよ」という一方的な励ましだけではなく、「そうか、そうだったのか」「○○ってのは、どう思う?」「他に困っていることは、ないかな」と、ユカリさんに意見や感想を

求めたり、自分の意見を挟まず相手の話を聞くようにしました。

スピード重視のトオルさんは時々、ユカリさんの丁寧な仕事ぶりにイライラして、「だから何?」と結論を話したくなることがありました。

でも、そうなりそうなときには、「彼女には彼女なりの納得するやり方があるはず」と思い、いったん言葉を飲み込んで待つことにしました。


それまでは、「どうなってる?」とトオルさんが聞かない限り、ユカリさんからは報告がなかったのですが、これをきっかけに、徐々にユカリさんからの事前の相談が増えてきました。

自分からトオルさんに現状を報告するようになり、トオルさんは以前よりもずっと仕事がやりやすくなってきたと感じているそうです。

「僕は、後輩の立場に立って、と言いながら、結局自分が正しいと思うことを押し付けていたのかもしれません。つい、自分が正しい前提で、自分の意見を相手の意見にかぶせて、結論だけを聞き出そうとしてしまう。

でも、今は、自分が言い過ぎたかなと思ったときに、『ごめんね、本当に言いたかった

のは』と、やり直しができるようになりました。だから大きなすれ違いが起こる前に、軌道修正ができるようになったと思います」

トオルさんは、少し照れ臭そうな顔で話してくれました。

「もしかして、後輩を何とかしなくちゃと、自分が育てなくちゃと、肩ひじ張っていたのかもしれません。でも、そうしてもお互いのためにはならないことが、今回のことでよくわかりました」

トオルさんは少し微笑んで付け加えました。

「ボクも傲慢だったのかも。後輩が自分の思い通りになると思っていたのかもしれません。彼女は、最近は成長してますよ。ボクよりももっと上手に、お客さんの心をつかんでます。その意味で、ボク自身も少しは成長したのかなと」

そんな風にさわやかに言うトオルさんの口調は、以前よりも穏やかに感じられました。

力関係がはっきりしているときの伝え方のポイント

立場が上の人に伝えるとき

- 起きている問題を一緒に解決したい、と話し始める
- 相手の気持ちを理解し、共感する
- 自分の心配や不安についても、正直に伝える
  そのうえで、小さなお願いをする
- 自分も協力することを伝える
- なるべく対等に、受身的にならずに話を進める

立場が下の人に伝えるとき

- 相手のよい点についてはしっかりと認める
- 相手の気持ちや思いを理解して、
  反論しないで受け止める
- 自分の責任を認める
- 自分ができることを提案する
- 普通に付き合う。
  腫れ物に触るような関わり方をしない

第５章

悪気のない言葉に傷つくとき

「わだかまり」は小さいうちに、適切に表現する

コミュニケーションにおいて、身近な人間関係に影響を与えてしまう要素は、大きく分けて二つあるのではないかと、私は考えています。

一つは**「自分の気持ちの表現方法」**、もう一つは**「相手との向き合い方」**です。

気持ちの表現方法とは、**自分の気持ちをその場その場で適切に表現できるか**、ということです。なぜならば、「小さなわだかまりをうまく対処できないでいると、徐々にその人との関係が悪化する」からです。

その場ではっきり「ノー」が言えなかった、納得いかない気持ちを口に出すことができなかった、傷ついた気持ちを飲み込んだというようなことは、日常の人間関係の中ではよくあることです。

そのときは、「これくらい大丈夫だろう」と思って飲み込んでしまう。実際たいしたこ

とでもないし、いちいちこだわっていても大人気《おとなげ》ない、それくらい自分が我慢すればよい。だって、言ったら相手がイヤな気持ちになるかもしれないし、関係が悪くなっては困るから。

そうすることで、私たちは日常生活を問題なく過ごすことができています。

それで、翌日にすっかり忘れてしまっているとすれば、それは一時的な感情の波立ちなので、そのまま流しておいて問題はありません。

しかしながら、小さな気持ちであっても、わだかまりはだんだんと心の中に積もっていきます。浄化されない気持ちは、たまってくるほどに自分の中で折り合いをつけることが難しくなってきます。そして、あるとき、ネガティブな感情があふれ出し、ますます関係が悪化するという悪循環に陥っていくのです。

反対に、自分の感情をその都度表現していても、それが相手への攻撃という形で発散される場合はどうでしょう。腹が立ったから、つい、「なんで、そんなこと言うわけ?」「ダメじゃん」「違うでしょ!」などと攻撃的に返してしまう場合。

その言葉を受けた相手は、あなたの対応にカチンときます。反撃してくればけんかにな

りますが、沈黙となると心が離れていきます。あなたに対して、「どうせ言ってもムダ」「反論されるだけ」「わかってもらえない」と思うようになり、徐々にお互いの関係が悪化してしまいます。

小さなわだかまりを言葉にしないことは、長期的には大きな代償を払うことになりかねません。だからこそ、ことが小さいうちに、自分の気持ちが小さいうちに、適切な形で言葉にしておくことが必要なのです。

大きくなればなるほど、言葉にするのが難しくなります。たまった感情を伝えようとすると、「これまでどれほど我慢してきたか」「どんなにイヤだったか」という気持ちを、何倍かにして相手にぶつけたくなってしまうからです。

私たちは皆、ひとりの人間として大切にされたい

もう一つ大事なのが、気持ちを伝えるときの相手との向き合い方です。

当たり前のことですが、私たちはひとりの人間として、大切にされたいという欲求を持

っています。ないがしろにされてもよいと思っている人などいません。

大切にされたい、自分の思っていることや感じていることに価値があると信じたい、ひとりの対等な人間として尊重されたい。

それは、誰もが人間関係の中で、当たり前に願っていることです。

アサーティブの『自己表現の権利』（99ページ）の中に、

「私には、賢くて能力のある対等な人間として、敬意をもって扱われる権利がある」

という言葉が紹介されています。

つまり、人間と人間が関係を築いていくときに、**たとえ異なる考えや気持ちを持っていたとしても、その考えや気持ちを、自分が持っている大切なものとして扱われることを希望するのは、私たちの権利**だということです。

言い争いの最中に、自分が尊重されていないと感じることは多々あるでしょう。

ほとんどの場合、

「君の意見は、自分の意見とは異なっているね。面白い」

という観点での議論はなく、

「（意見ではなく）そんな意見をもっているあなたが、間違っている」

「それは、あなたがダメだからだ」

「そんな風に感じるのはおかしい」

という、人間としての価値の上下や優劣と紐づけられることが少なくありません。

そのように扱われることは、誰しも、とても傷つくことです。


自分のありよう、考えたこと、感じたことが、相手のものと異なっているという事実は、私たちは引き受けることができます。

しかし、だからといってそうした自分が「人として劣っている」「価値がない」「普通じゃないからおかしい」となると、これは別の問題です。それを言われた側は、とても傷つきますし、自分をそのように扱う相手に怒りを感じてしまうのは、当然なことなのです。

自分と相手とは異なるという客観的な事実は、正しいでしょう。でも、だからといって、異なる相手が自分より人間として「優」か「劣」かという議論は、間違っています。誰かの意見や行動が間違っていることはあっても、人として劣っていることはありません。相手を見下す行為を続けている限り、決して、決して、豊かな関係を築いていくことはでき

ないのです。

小さなわだかまりであっても、相手から「劣」のように扱われた体験は、私たちの心を傷つけます。自分がないがしろにされる体験が重なると、関係は悪化していき、お互いの関係を修復することが難しくなります。

だからこそ、これまでのストーリーの中であったように、自分の本当の気持ちに気づくことと、相手の本当の望みを尊重するという〝対等な〟向き合い方が、良い関係を取り戻していくことのスタートとなるのです。

自分の望みと相手の望みが異なることはあっても、決してどちらかが正しいのでも、どちらかが間違っているのでもない、ということ。まずは互いの思いや願いを尊重する。そのうえで、小さな問題を都度コミュニケーションをとりながら解決していくことが、アサーティブで目指していこうとしていることなのです。

悪意がないことがわかっていても…

サヤカさんのストーリーから考えてみましょう。

企業の顧客サービス課で働くサヤカさんは、明るく社交的な性格で、社内外に多くの友人や知人がいました。中でも特に親しいのが、後輩のリエさんです。二人はお昼を一緒に食べたり、時々一緒にイベントに行って遊んだりする仲の良い関係でした。

しかしサヤカさんには、リエさんに打ち明けていないことがありました。弟のタロウさんが、重度の知的障害を持っているということです。長女であるサヤカさんは、自分がまだ子どものうちから、母親と一緒に、弟の日常生活をサポートしてきました。

ある日、サヤカさんがリエさんと一緒にランチを食べていたときのことです。重度の知的障害を持つ人たちの施設で殺人事件が起きたという衝撃的なニュースが、テレビで報道されていました。あまりのショックにサヤカさんが言葉を失っていると、一緒にいたリエ

さんはそのニュースを見ながら、こんな風に言ったのです。

「ねえねえ、かわいそうだよね。ああいう人たちって」

「えっ、どういう意味?」

「だってさあ、こんな風に殺されちゃうって、かわいそうじゃない? ああいう人たち」

「そ、そうかなあ」

「自分にそんな家族がいたら、やだよね」

「……」

「よかった、うちはフツーの家族で」

「……」

「ああいう人たち」とリエさんが言ったのは、自分の弟と同じ障害をもった人たちでした。自分にとっては他人ごとではないニュースでも、リエさんにとっては、「かわいそうな、ああいう人たち」。

そしてリエさんの家族は「フツーの家族」。であれば、自分の家族はどうなのか。リエ

さんの言い方を借りれば、「フツーではないかわいそうな家族」なのでしょうか。

そのとき初めて、自分と彼女の間に大きな壁があるように、サヤカさんは感じました。よく知っているはずのリエさんのことが、急によく知らない人になりました。


「そう思ってたんだ…」

そのときサヤカさんは急いで言葉を飲み込み、「ごめん、デザート買ってくる」と軽くかわして、そそくさと席を立ったのでした。

胸がドキドキしていました。


その日の午後、サヤカさんは、衝撃的なニュースに何も動じなかったかのように振る舞って仕事を終え、「ご飯でも食べない?」というリエさんの誘いを断って、自宅に戻りました。その夜、落ち着かないまま、母親に電話をしました。

「お母さん、ひどいよね、あのニュース。見た?」

「見たわよ、本当にひどい。私あまりにもつらくて、タロウの顔を見に行ったわ」

「元気だった?」

「元気だったわよ、でも職員の人たちも衝撃を受けていたわ」

「そうよね…。ありがとう、お母さん、声を聞けてよかったわ」

母親と話をしているうちに、サヤカさんは心が落ち着いてきました。

そうだ、タロウは大事な家族だし、自分にとってはかけがえのない弟なんだ。そう思って、その夜はもうニュースを見ないで眠りました。

＊＊＊

翌日、リエさんが別の社員と、何かの話で笑いながら話をしている姿が目に入ってきました。サヤカさんは「まさか、昨日の事件のこと？」とふとイヤな気持ちになりましたが、彼女と目を合わせることなく、何事もなかったかのように仕事をしました。

その日サヤカさんはずっと、彼女と距離を置いていました。自分から話しかけることはなく、淡々と仕事をしました。

いつまた、話題が出るかわからない。

そんなときに、私はどう振る舞ったらよいのだろうか。笑った顔など絶対にできない。

「そんなことを言うのはやめてよ！」とキレてしまうかもしれない。

自分には障害を持つ弟がいることを彼女に伝えるべきなのか、黙っておくべきなのか。

サヤカさんにはわからなかったのです。

のどに刺さった小さな骨のような出来事でしたが、そのことをきっかけに、サヤカさんはリエさんに心を打ち明けることがなくなっていきました。

「私はどうしたらよかったんでしょうか。どうしたらよかったのか、どうすべきだったのか、正直わかりません。いろんな考えが渦巻いていて…」

サヤカさんはそんな風に話してくれました。


もしも弟のことを伝えたら、リエさんはどう反応するのだろうか。

リエさんが「あんな人たちはかわいそう」と言っていたことに触れたら、彼女は「悪いことをした」と罪悪感を持つのだろうか。

それとも、全く気にせず、「あ、そう」程度の反応なのだろうか。

どちらも、サヤカさんにとっては、つらいことでした。

「多数派の常識」からの発言には注意が必要

サヤカさんのような心の声を、私は時々聞きます。多くの場合は、身近な人の悪意のない言葉に傷ついたという声です。

他にも同じような例はたくさんありました。

自分の夫は外国人。それを知らないママ友が、「〇〇人（夫の国の人）って、怖いよね」と隣でうわさ話しているのを聞いた。

自分の父親はアルコール依存症で亡くなっている。会社の飲み会で同僚が上司に、「アル中になったらどうするんですか、死にたいんですか」とジョークを言って笑っていた。

自分は不妊治療をしても子どもができなかった。子どものいる同僚から「子どもはまだ？」と何気なく聞かれ、どう答えてよいかわからなくて黙ってしまう。

がんの治療をしているのだが、それを友人には伝えていなかった。あるとき、軽く話してみたら、急に腫《は》れものに触るような対応をされるようになり、なんとなくギクシャクするようになって、距離を取ってしまった。

どれも何気ないひとことのために、それを言った人と距離を置くようになった、関係を切ってしまった、その場に居づらくなって離れてしまった、というような話です。

皆が皆、その場でどう対応したらよいかわからず、途方に暮れているという状況でした。とりわけ、そのひとことが「社会的な常識」や「偏見」という圧倒的な多数派の価値観から発せられたときは、受ける側にとっては非常に重いものになりうることを知っておく必要があるかもしれません。

私たちのすぐ身近にいる人であっても、公にしていないさまざまなストーリーがあるかもしれません。話をしないということは、その人にとってはとても繊細なことなのか、言葉にするのはつらいことなのか、あるいは「常識」の範囲外だからこそ言いたくないことかもしれないのです。

そうした事情を、私たちは大なり小なり、それぞれが抱えていて、それはお互いの中で大切にされてしかるべきだというスタンスに立つことは、とても大事なことではないでしょうか。

傷ついた気持ちをどう伝えるか

では、このような状況では、どのように振る舞えばよいのでしょうか。

私たちは「それぞれに複雑で多様な感情を持った人間」である相手に対して、敬意を払う必要があります。それは、「この言葉はセーフ」「この言葉はアウト」と線引きをすることではありません。言葉の良し悪しの問題ではなく、「そもそもそうした複雑な事情を抱えた相手の存在に敬意を払う」ということです。

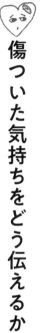

私たちは人間ですから、他人の気持ちを傷つけるつもりがなくても、傷つけてしまうことはあります。育った環境も、価値観も、考え方も異なるからこそ、自分が何気なく発した言葉が思わぬ凶器となって、相手を傷つけてしまうというのは、避けられないことでしょう。

それは、反対の立場でも起こりえます。「相手の言葉が、思った以上に自分の内側の柔らかい部分に刺さってしまい、抜けなくなってしまった」ということも、当然起こりうる

ものだと思っておいたほうがよさそうです。

とりわけ、信頼していた相手の言葉が社会的な偏見を含んだものである場合、「自分という少数」と「相手という多数」の一対多となるがゆえに、衝撃の度合いは大きくなります。そのため感情的に反応するか、言葉を飲み込むかになってしまうのです。

ドッカンだと「そもそも、そんな考えは間違っている」と反撃し、オロロだと「どうせ何を言ってもわかってもらえない」と沈黙したまま、関係を切ってしまうことになるかもしれません。

そこで大切なのが、そうした「異なる人間だからこそ、理解し合えない部分はあるし、知らずしらず傷つけてしまうこともある」という現実を認識したうえで、それを言葉と心で乗り越えるすべを持つことです。

現実を認識したうえで、傷つけられたと感じる相手に対して、私たちはどのように言葉を発することができるのでしょうか。相手を攻撃することも、自分を否定することもせず、話し合いで問題を乗り越えるとは、具体的にどう伝えることを意味するのでしょうか。

●心が傷ついたときの対応のポイント

アサーティブな対応のポイントは二つあります。

一つ目は、**自分には選択肢があることを思い出す**ことです。

自分の痛みについて相手に伝えることもできるし、伝えないと決めることもできる。それは、「自分が選択権を持っていて、自分が決めてよい」と、心の中でストンと落とすということです。

二つ目は、**伝えると決めたときには、なるべくさらりと伝える**ことです。

自分にとって痛みが大きいということは、身近な相手にとってのショックも大きくなります。それを思い切って伝えようとすると、肩に力が入って攻撃姿勢になりやすい。なので、できる限り、「率直に」「さらりと」を意識してみてください。

伝えるときの流れはこんな感じです。

①起こった「事実」を伝える

「人」ではなく「コト」にフォーカスする。

②自分の正直な「気持ち」を、相手を責めずに伝える

「正直凹《へこ》んだんだよね」と短めに。

③自分の「望み」を伝える

相手との関係で自分はどのようなことを望んでいるのかを、シンプルに伝える。

伝えるのであれば、「相手を加害者にしない、自分が被害者にならない」スタンスで、対等に向き合うことを意識してください。

＊＊＊

サヤカさんは、しばらく時間が経ってからですが、リエさんに弟のことを伝えようと決めました。もともと仲のよい後輩でしたし、距離を置くようになってから、彼女がとても困っている様子になってきたからです。

何かと自分に話しかけてくれるのに、つれない態度をとるのも、彼女にとってはフェアではないだろうと思うようになりました。

同時に、自分の弟のことも考えました。

それは、衝撃的な事件の後、母と一緒に弟に会いに行き、三人で一緒に遊びに行ってとてもよい時間を持てたことが大きく作用していました。弟のことを自分は大切に思っている。タロウは、世界でただひとりの私の大切な弟なんだ。そうサヤカさんは強く思ったのです。そして、大切な弟のことを恥ずかしい存在であるかのように隠したままにしているのは、自分にとっても弟にとってもフェアではないと。

サヤカさんは、リエさんを久しぶりに食事に誘いました。

二人は明るい話で盛り上がり、以前のように、他愛ない冗談で笑い合いました。楽しい時間をたっぷりもったことで、サヤカさんは勇気を奮い起こすことができました。

リエさんが「今日はおいしかったね」と言ったときに、サヤカさんは切り出しました。

「それでね、ちょっとだけ、リエに知っておいてほしいことがあるんだ」

「なに？」

「ほら、私、弟がいるって話したじゃない」

「そうよね、二人いるって」

第5章

悪気のない言葉に傷つくとき

「一番下の弟ね、施設に入ってるの」

「えっ……そうなんだ」

「うん、重度の知的障害を持っててね、話すことはできないの。でもね、とっても優しくって、面白い弟でね、小さい頃から大切にしている子なんだ」

「……」

「それで、前、ニュースがあったじゃない」

「うん」

「リエが、『かわいそうだよね、ああいう人たち』って言ったじゃない。それを聞いて、私そのあと、けっこう凹んじゃってさ」

「……」

「私は……かわいそうとは思ってないのよ。いいやつで、すごくかわいいの」

「うん」

「リエには知っておいてほしくて。弟の名前は、タロウっていうの」

「……わかった」

「ありがとね、聞いてくれて」

「うん」

「リエとは、これからもいい友だちでいたいからさ。自分にも、リエにも、弟にも、嘘をつきたくなかったんだ。だから」

「うん」

「それだけ」

「……話してくれて、ありがとう」

サヤカさんは、思わず涙ぐみました。リエさんの目にも、涙が浮かんでいました。

「じゃ、タロウへのお菓子、買って帰るからさ、付き合ってくれる？」

「うん、行くよ、行く」


サヤカさんは、リエさんを否定せず、非難せずに、自分の気持ちを言葉にすることができたと感じました。明日からは、リエさんと普通に話ができそうだし、弟について少し話をしてもいいかもと、思うようになりました。

知らずに傷つけてしまったときは

悪意はなくても、無意識のうちに自分の偏見や差別的な言動で誰かを傷つけてしまうということは、いつでもどこでもあることです。そんなとき、私たちはどのように振る舞えばよいのでしょうか。

私自身も「無意識のうちに傷つけて」しまいそうになった体験があります。

２０１１年の東日本大震災のとき、福島県で原発事故がありました。

数日後に仕事関係の仲間で集まることがあったときに、事故に関して、私も含め皆、異口同音に「怖いね」「いやだね」と話していました。その場の〝共通の話題〟であり、何をどう話してよいかもわからないまま、ここ（東京）とは違う、彼《か》の地（福島）に対して、ネガティブな発言をしていたように思います。

そのとき、そこにいた仲間のひとりの女性がポツリと、「あの原発の近くに、自分の実家があるんだよね」と言いました。曰く、原発の避難区域に実家や親せきの家があり、事

故の直後は連絡が取れず本当に大変だったと。

私を含め、その場にいた皆が一瞬言葉を飲み込みました。


そうか、そうだったんだ。

事故は、どこか知らない彼の地のことではなく、今、現実に自分の身のまわりに起きていることなんだ。苦しんでいるのは「彼の地」の人ではなく、目の前にいる大切な仲間なのだ。


「自分の実家が」と口に出すことは、彼女にとってはとても勇気がいったことだと思います。でも、その場の仲間とは非常に仲の良い関係であり、彼女も私たちを信頼してくれていたからこそ、自分の話をしてくれたのだと思います。

その後、私たちは彼女に「話してくれて、ありがとう。私たちができることがあれば、なんでもするから、言ってくださいね」と伝えることができました。


そのときに、私自身は改めて、とても大切なことを学んだように思います。

私たちそれぞれが、それぞれの事情を抱えている。私たちが知らないだけで、電車で隣

に座って眠っている人も、もしかすると言葉に表せない何らかの事情を抱えているのかもしれない。仕事仲間のその発言を機に、私はそんな風に考えるようになりました。

理解できない人の行動をすぐに評価したり、善悪を決めつけたりすることは、してはいけない。いったん自分の評価を横に置いて、目の前にいる相手と丁寧に関わっていく必要がある。そう強く思うようになりました。

「丁寧に」というのは、「相手には相手の事情があるのだろうという前提で、決めつけや評価をやめて話そうとする」という意味です。

自分が理解できないからといって、相手が間違っていると決めつけてはいけない。「相手には相手のストーリーがあり」、相手には私たちの計り知れないさまざまな事情や背景があることを想定して、「そのうえで、こうしたことについてぜひ話し合いたい」と、「事柄」に焦点を当てて、率直で誠実なやりとりをしていく。それができることで、お互いを大切にすることが言葉のうえだけでなく、実際の人間関係の中で活かされていくのではないでしょうか。

相手の靴を履いてみる

英語には、「相手の靴を履いてみる（put yourself in one's shoes）」という表現があります。日本語に訳すと、「相手の身になって考える」。相手の状況を想像し、相手はどう考え、どのように感じるのかを、いったん立ち止まって考えてみよう、ということです。

私はこの言葉がとても好きです。というのも、「自分には見えていても、相手には見えないかもしれない」「自分にはＯＫのことが、相手にとってはＮＧかもしれない」ということを、とても具体的でわかりやすい表現で表しているからです。とはいえ、靴を常に履いている欧米ならではの表現ではありますが。

欧米やアジアのいくつかの地域のように、多様な民族や宗教、バックグラウンドの異なる人たちが暮らしている社会では、「自分が感じたり考えたりすることは、必ずしも別の人にとっての正しさではない」ということを、比較的早いうちに学ぶことができます。

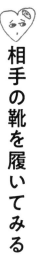

しかし、日本のように比較的均一化された文化や日本語のみが話される社会の中、なかなかそれを実感することは難しい。身近な人間関係であれば、当然わかっていると思い込んで「相手の靴を履く」ことをしないで、あたかも自分が履いている靴が相手のものと同じだという錯覚に陥ってしまう。

その意味で、身近な人間関係であっても、「相手は異なる価値観を持った人である」という前提で、相手には自分の知らないたくさんの事情があるのだろうと考えてみることを、私たちは心がける必要があるのかもしれません。そして万が一、自分が不用意に発した言葉が相手を傷つけてしまったときには、なるべく誠実に対応する必要があるのでしょう。サヤカさんの話で、リエさんがしたように、です。

・「話してくれて、ありがとう」と、受け止める
・そのうえで、「よくわかったよ。これからは気をつけるね」と自分の意向を伝える
・最後にもう一度、「話してくれて、ありがとう」と、勇気を出して伝えてくれた相手に、真摯に向き合う
・知らなかった自分を必要以上に責めない

・教えてもらったことを宝物として、心の中にしまっておく。大切にして、むやみに他の人に話さない

・今まで通り、変わらない態度で付き合う

自分も相手も、さまざまな背景を持つひとりの生身の人間。これまでどんな人生を歩んできたのか、過去にどんな思いを抱えてここまできたのか、それを変えることはできません。でも今、目の前にいる人との「今」と「これから」については、変えることができます。

それを、自分で選ぶことはできるのです。

サヤカさんのように、自分にとって大切なことについて、あきらめることなく、必要なときには言葉にしていく力を、そしてリエさんのように相手を大切にして受け止める力を、私自身も常に持っていたいなと思います。

心が傷ついたときの対応のヒント

☑ 自分には選択肢があることを思い出す

☑ 伝えると決めたら、なるべくさらりと伝える

伝えるときのポイント

- **起こった「事実」を伝える**
  相手を加害者、自分を被害者にしない
- **自分の正直な「気持ち」を、相手を責めずに伝える**
- **自分の「望み」を伝える**
  相手との関係で自分はどのようなことを
  望んでいるのかを、シンプルに伝える

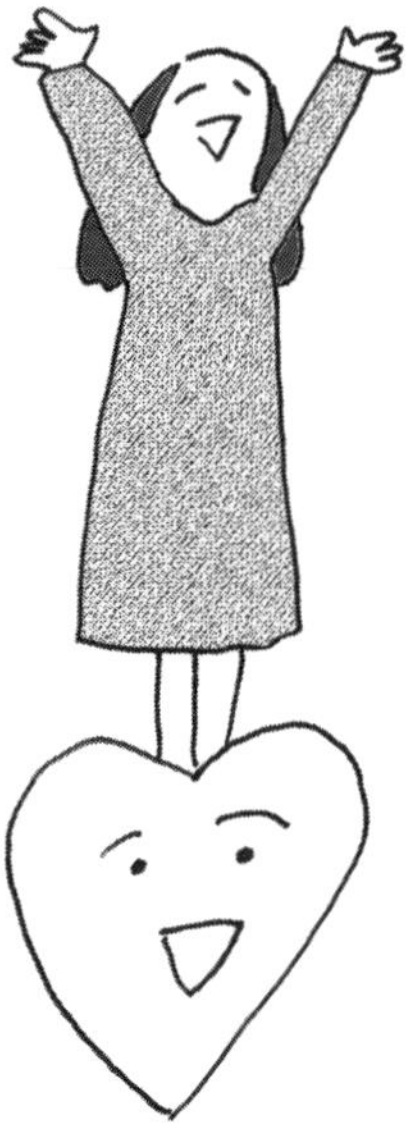

第6章

「我慢の積み重なった関係」を修復する道すじ

見えている部分は氷山の一角

相手への理解に苦しんだり、怒りや悲しみなどネガティブな感情に巻き込まれそうになったりするとき、私自身がいつも自分に言い聞かせている言葉があります。

それは、「相手には、相手のストーリーがある」。別の言い方をすれば、**「どんな人にも、私には見えていない部分がたくさんある」**ということです。

〝氷山の一角〟という表現があるように、私たちの目に見えている相手の姿は、相手の本当の姿のごく一部でしかありません。私たちが計り知れないところで、心を傷めていたり、悩んでいたり、苦しんでいたりすることは、本当にたくさんあるのです。

相手には相手の人生の歴史があり、自分には見えない部分があることを、身近な関係になると、つい忘れてしまいます。身近だからわかっているはず、知っているはずと思い込んで、相手が本当は大切にしまっておきたかったところに土足で踏み込み、傷つけてしまうということもあります。

小さな言葉の行き違いや、小さな「傷つき」体験が積み重なって、いつしか根深い人間関係の問題になってしまったという話は、講座の参加者からも数多く聞きます。多くは、「最初は些細《ささい》なことだったので、大丈夫だと思っていた。ちょっとしたことだったから、我慢していた。でも、いつの間にかつらくなってきて、ついにはお互いの関係が壊れてしまうことになった」というものです。

それでは、悪化した関係を、修復していく道すじはどこにあるのでしょうか。

そもそも、修復は可能なのでしょうか。

可能であるとすれば、自分も相手も尊重して、自分は何をすればいいのでしょうか。そして、どのように折り合いをつけていくことができるのでしょうか。

二人の間の溝が、こんなにも深かったとは…

身近な関係の中でも、両親やきょうだいなどの場合、関係がいったん悪化すると「これまで我慢してきたこと」の積み重ねがあまりにも大きすぎて、修復への道のりが絶望的に長くなる、という話に数多く出会います。

ずっと「そんなもの」という思いでなんとなく関係を続けてきたとしても、親の介護や死後の遺産相続など、きょうだいが大人として向き合う機会がやってくると、これまでたまりにたまっていた感情が一気に爆発するのです。

最後にご紹介したいのは、妹との長い確執を、時間をかけて乗り越えたという、ケイコさんのストーリーです。

＊＊＊

ケイコさんは、長く教師の仕事を続けてきた人です。実家のお母さんにも子どもたちの面倒をみてもらいながら、仕事と子育てを両立してきました。

両親とは良い関係でした。きょうだいは兄と妹がいて、妹のマサミさんに子どもが生まれてからは、マサミさんが両親と二世帯住宅で一緒に暮らすようになりました。

ケイコさんは仕事と子育てとで忙しい毎日の中、月に一度くらい時間を作って、両親や妹の顔を見に行くようにしていました。

しかし、あることをきっかけに、マサミさんとの関係が変わりはじめました。

きっかけは、お父さんの認知症がわかった5年前のこと。お父さんの暴言がひどくなり、穏やかだったお母さんでさえ、声を荒らげるようになったのです。

専業主婦として両親の世話、家事の多くを担っていたマサミさんの負担は大きく、徐々に表情が暗くなり、ついには体調を崩して寝込むことが続くようになりました。

表面上はうまくいっていたマサミさんとの関係が、一気に悪化したのは、ケイコさんが両親を訪ねていったときでした。両親と楽しそうに話をしている様子を見て、マサミさんが言ったのです。

「ふだん何もしない人は、いいよね。時々来て、いい顔をすればいいんだから」

「お父さんは、たまに来るお姉ちゃんには優しいのよね」


ケイコさんはそのときカチンときて、心の中でこんな風に思っていました。

「大変なのはわかるけど、私だって仕事をやりくりして実家に寄っているのに、そんな言い方ないわよね。マサミは専業主婦だから、頑張りすぎて体を壊したわけじゃない。それを、私にイヤミで返すなんて。ああ、実家に行きたくないけど、無視するわけにもいかないし。妹の顔を見たくない……」


そんな居心地の悪い気持ちを抱えながらも、実家を訪れ、いつもの調子で夕食を食べていたときのこと。マサミさんがイライラした口調でケイコさんに言いました。

「なんで、私の作ったものを食べるの？　自分のおかずくらい自分で持ってきてよ」

一瞬、頭が真っ白になり、ケイコさんは、何を言われているのか理解できませんでした。

「自分のおかずは自分で持ってきて」

確かにマサミさんは、そう言いました。

そう、夕食を作っているのは母じゃない。妹なんだ。

これまで実家に行くと、母が「今日はちょうどあれがあるから」と言って、何かと振る舞ってくれるのが当たり前でした。でも今は、夕食は妹が作っている。

そのことをわかっていても、出された食事を食べることは「当然だ」と思っていました。

ケイコさんはしばらく茫然とした後、強烈に罪の意識を感じました。

私はこれまで、おかずを持っていくことも、食事代を気にするそぶりを見せたこともなかった。自分だってわざわざ来ているんだからと、それくらい振る舞ってもらって当たり前、と思っていたかも。もしかすると、自分はものすごく傲慢だったのかもしれない。ケイコさんはそう気づいたのです。

その日から、もう少し親の介護に関わるために、ケイコさんは頻繁に両親の家に行くようになりました。

ケイコさんのお父さんはもともと気難しいところがありました。

長男である兄と、長女のケイコさんは非常に厳しくしつけられた一方、妹は未熟児で生まれたことも関係しているのか、小さいころからお父さんにとてもかわいがられていまし

た。そして妹もお父さんを慕っていました。だから、自分は働き始めて家を出たけれど、妹が両親と同居することは自然な成り行きだとケイコさんは考えていました。

マサミさんは、お母さんが以前に比べて動けなくなってきたので、誰よりも先に動いてお父さんの介護をするようになり、いつの間にかそのほとんどを担うようになっていました。

ケイコさんも何度か手伝おうとしましたが、

「やめてよ、お姉ちゃん。手順があるんだから。見ているとイライラするの。私がやるから手を出さないで」

という風にピシッと言われるため、それ以上手を出すことができずに、マサミさんがいるところでは遠慮するようになりました。

とはいえ、このまま妹が介護を担い続けるのでは、必ず限界がくる。

任せっきりにしていてはいけない。

ケイコさんはそう思いましたが、誰に相談してよいかわかりません。兄は地方に単身赴任中、妹の夫は自営業で仕事が忙しく、相談するにもあまり期待できそうにありません。

いわんや、介護の一部負担をお願いすることなど、もってのほかの状況でした。

どうしたらよいのだろうか。

妹と母が孤立しているのはよくないし、この状況を続けていたら、必ず共倒れになる。何よりも、何もしなかったら自分自身が必ず後悔する。そう気づいたケイコさんは妹に、自分も介護を手伝いたいという気持ちを伝えてみることにしました。

自分なりに気持ちを整理して、こんなメールを送りました。

「いつもお父さんの介護をありがとう。今までずっと仕事を理由に、お父さんの介護をあなたに任せっきりにしていて申し訳なかった。何よりも、あなたのことが心配。だから、私にできることがあれば手伝わせてほしい」

ケイコさんは精いっぱい、想いを伝えたつもりでした。

ところが、妹から返ってきたメールは、思いもよらない内容でした。

「それなら、ここに引っ越してきてよ。私が出ていくから、今日から全部やって。中途半端に手伝われても、迷惑なの。どうせできないのに、簡単に言わないでよ。今さら何なの？そんなの、ずっと前に言ってほしかった。この5年間を返してよ！」

ケイコさんはただ、「ごめんね…」と伝えるのが精いっぱいで、それ以上は何もできませんでした。

妹との溝がこれほどまでに深かったとは…。

ケイコさんはその事実に言葉を失いました。これからいったいどうすればよいのか。ケイコさんには、皆目見当がつきませんでした。

「自分ができること」に取り組んでみる

「できることがあれば手伝わせてほしい」。ケイコさんは、そうメールに書いて送りました。しかしこのセリフは、今の妹にとっては、「上から目線」と感じられることのようでした。

「手伝わせて」と言ったとしても、手伝う中身を考えるのはマサミの側。そうでなくても大変な妹が、それを負担に感じるのも当然だ。自分にできることをしっかり考えて、やっていかなければ。

そう思ったケイコさんは、翌週、マサミさんに電話をかけて言いました。

「次回のケアマネージャーさんの訪問日に、私も同席したいんだけど。いいかしら」

少し不安になりながら待っていたケイコさんの耳には、「いいわよ、来たいなら」という返事が聞こえてきました。

「ありがとう。じゃ、行くね」

そう伝えたものの、妹とケアマネージャーとどのように会話をしたらいいものか、ケイコさんはまだ考えあぐねていたのです。

考えがまとまらないまま迎えた当日、ケアマネージャーも、何かと抱え込みがちの妹のことを心配していることがわかりました。

「ちょっとお疲れのようなので、サービスを何か使ってみませんか」

「これくらい、大丈夫です」と言う妹に、ケイコさんは「私も行くから、一度行ってみようよ」と話して、サービスの施設を二人で見学に行くことになりました。

その頃から、二人の関係が動き始めました。外に一緒に出る時間を持つようになったこともあり、少しずつ関係性が変わってきたのです。行き帰りのバスの中では穏やかに話せ

たし、時には一緒にお茶を飲んだり、帰り道に買い物をしたりするようになりました。

少しずつ、本当に少しずつ、二人の関係がほぐれていきました。


学校が冬休みになったころ、ケイコさんはもっと自分が直接的に介護を手伝う方法を、マサミさんに提案してみることにしました。

「年末の一週間、我が家でお父さんを預かりたいんだけど、いいかしら」

「いいけど」

マサミさんが同意してくれたので、ケイコさんはお父さんを預かることになりました。


ケイコさんなりに、介護は大変だろうなと覚悟をしていましたが、実際にやってみると、それは予想以上に困難でした。すぐに、お父さんとけんかになりました。

妹のためにもデイサービスを利用してほしいという頼みに対しても、お父さんは、「あんな奴、病気にでもなって死ねばいいんだ」と、罵倒《ばとう》するのです。

「だったら、お父さん、施設に入ってよ、私にとっては妹のほうが大事だから」

「お前は、俺が死ねばいいと思っているんだろう。お前のことをひどい娘だと、世間にば

らしてやるからな！」

認知症のせいだとはわかっていたものの、お父さんのこの暴言に、ケイコさんはただ逃げ出したいという気持ちでいっぱいになりました。

いっそ憎むだけだったら楽だったかもしれません。落ち着いているときのお父さんは、とても柔和で優しかったのです。以前とはすっかり変わってしまった姿に、夜お父さんが眠った後、ケイコさんは涙をこぼしました。

＊＊＊

自分の家にお父さんを預かって3日目、大げんかをしてしまった後、お父さんは杖を頼りに、マサミさんのいる実家へひとりで帰ってしまいました。

ケイコさんは茫然となりました。

妹は、こんなにもストレスのある日々を過ごしていたのか。しかも、仕事に逃げることもなく、ほぼ毎日父のそばにいて暴言を受け止め、それでも介護をしていたのか。家族旅行にも行けず、兄や私が頻繁に訪ねるわけでもなく、来たらいい顔をするだけの姉の私の

顔を見ていれば、腹も立つはず。

ケイコさんはそう思い、妹に対して心から、本当に心から申し訳ない気持ちでいっぱいになりました。

それから1週間が経った土曜日、ケイコさんは妹のところに行き、思い切って自分の気持ちを伝えました。

「あなたが感じていた苦労。今回やってみて実感した。怒りたくもなるよね。私はたった2日の介護でしんどくて、つらくてたまらなかった。すぐにけんかになったし、我慢できなかった。あなたがいないと、とても介護はできない」

話しながら、ケイコさんは涙が止まらなくなっていました。

しばらく黙っていた妹が、口を開きました。目には涙がたまっていました。

「そうでしょう、やっとわかった？」

その後ケイコさんとマサミさんはしばらく、二人でひっそりと泣いていました。

それからでしょうか、本当の意味で二人の関係が動き始めたのは。

ケイコさんは、妹の前で正直になることにしました。自分のつらさやしんどさを、姉だからという変なプライドで隠すことも、やめるようになりました。

「しんどい」「大変だ」という気持ちを、ケイコさんが我慢せず正直に言葉にするようになってから、徐々にマサミさんも「大変なのよ」などと話せるようになりました。

「そうよね、みんなしんどいよね」

そんな風に、素直になれるようになってきました。

「お姉ちゃんも頑張るじゃん」と、マサミさんが少し笑いながら話してきて、「あなたもよ、ほんとうによくやってるわ」と返したり。

そんな会話をする中で、お互いの心がほぐれるようになってきました。

自分を責めずに、相手の気持ちを受け止める

そして、マサミさんも少しずつ、ケイコさんに気持ちを開示するようになってきました。

お父さんの病院に行き来するバスの中で、ケイコさんにコンプレックスを感じていたこ

と、腹を立てていたことも話してくれるようになりました。

「子どものころ、あのことはどうしても許せなかった、お姉ちゃんのことを怒っていた」

そう言われると胸が痛くなりましたが、ケイコさんは「そうだったのね」と、黙って受け止めるようにしていました。

「私は妹のことを本当には理解をしようとしていなかった。もしかすると、妹から見れば本当に姉の私は傲慢だったのかもしれない。いつも自分がしたいことを自分のペースで進めてきたけれど、それは、母や妹の目には、わがままで好き勝手をする姉という姿で映っていたのかもしれない」

ケイコさんは、心の中で「自分を責めることはしないようにしよう」と決め、妹が話してくれることをそのまま受け止めるだけにして、自分の弱さや傲慢さに向き合うようにしてきました。

その頃から、「私ひとりに介護を押し付けようとはしてないことは、わかってるよ」と、マサミさんが言うようになりました。

その後、お父さんの病状が進み、自宅での介護は限界を迎えました。

ケイコさんたちはついに担当医から、「家庭で見るのは、これ以上はムリでしょう」と言われてしまいました。ケイコさんが介護に関わるようになって2年半後、お父さんは施設に入ることになりました。そして、それから1年後に亡くなりました。85歳でした。

お父さんの葬儀のときは、後ろ暗い気持ちを持つことなく、きょうだい3人とも心からお父さんの死を悼む気持ちを表現することができました。そして、認知症になってからのお父さんの思い出を、みんなで笑って話すこともできました。1年前にはまったく想像もできなかった状況でした。

＊＊＊

ケイコさんは、妹との関係について、こう話してくれました。

「何もかも別人のように変わったということはありませんし、今もけんかをすることはあります。でも、心の中に灯った信頼という火は、消えることなくお互いの心に灯っているように思います。過去のつらいことを父とともに見送って、そしてこれからそれぞれにどう

生きていこうかということを、対等な大人同士として話ができるようになりました」

信頼の架け橋は、自分からかける

ケイコさんは長い、長い時間をかけて、こじれてしまった妹との関係の回復をしていきました。時には自分を責めたり相手を責めたりもしましたが、彼女が心の中で決めていたことがあります。

それは、「自分にうそをつかないこと」「自分を責めないこと」。

「相手も苦しんでいることを理解すること」「相手からの批判を受け止めること」にも努めました。

そして、時間がかかることを覚悟して、あきらめることなく、真摯に誠実に向き合うことにしたのです。

苦しんでいるのは自分だけではない。

相手も相手なりにつらい気持ちを抱えている。その苦しみに勝ち負けはないのだ。どちらかが我慢して、お互いを責め合うような関係を続けることを、私は望んでいない。これまでの痛みを抱えつつ、でもこれからどうありたいかを見失わないでいきたい。過去のお互いを認めながらも、これからは違う関係を築きたい。

ケイコさんはそんな風に、願っていました。

ケイコさんがアサーティブに相手と向き合うことができたのは、自分も相手を責めないで、しっかり向き合うことを決めていたからです。

相手と、誠実に、そして対等に向き合う。自分の思いを、率直に、そして責めずに言葉にする。ケイコさんの関係修復の道すじは、そこを出発点としていたのです。

同時に、ケイコさんは相手が何かしてくれることを待つのは、やめにしました。信頼が崩れてしまったことを前提として、この信頼関係を修復するために、**信頼の架け橋は自分からかける**ことを決めたのです。

相手が非を認めて謝ってくれること、相手から折れてくれることを待ったとしても、そ

れは実現しないでしょう。お互いが自分のプライドだけを大事にして、意地を張っていても、良いことは何もないことも知っていました。

ケイコさんが本当に望んでいたのは、お互いに協力し合えること、信頼関係を築くこと、そして一緒に親を看取ること。それだけだったのです。

自分が本当に望む方向に進むには、自分から行動することが、一番の近道になります。それを認識したからこそ、ケイコさんは、自分から妹とアサーティブに話すことにしたのでした。過去あったこと、なかったことについて、自分も相手も責めることなく。

「今振り返ると、それができたことが、自分にとっても、妹にとっても、よかったのではないかと思うのです」

お父さんを看取った何年か後に、ケイコさんはしみじみと話をしてくれました。

関係修復に向けての道のりは、簡単なものでも、短いものでもありません。時間がかかりますし、自分が望む結果になるかもしれないし、ならないかもしれません。あるテクニックを使えば劇的に関係が変わるということもありません。

それでも、時間をかけて少しずつ取り組んでいくしかないのです。

なぜならば、自分が本当に望んでいるのは、そのことだからです。

道具をどう使うかは自分次第

先日、イギリス在住のアン・ディクソン（Anne Dickson）さん（『第四の生き方』の著者であり、イギリスにおけるアサーティブの第一人者）と話をする機会がありました。

アサーティブな関わりを通じて、より豊かな人間関係を築こうとしても、社会がますます複雑になり、丁寧に人間関係を築いていく時間も余裕もなくなってきた。デジタルコミュニケーションが発達し、顔を見て向き合ってしっかりと話をするという手間を省くようになってきた。

そうした時代の中で、自分も相手も生身の人間であるという事実を時に忘れて、相変わらず自分を責めたり相手を責めたりを、すぐにやってしまう。そうした状況からどのように抜けることができるのだろうか。

会話の内容は、そのようなことだったと思います。

慶應幼稚舎・早実初等部・筑波小学校に働くママも合格できる子育て

仕事をしながら、
私立・国立小に合格の
夢をかなえる!

慶応会理事長
山岸顥司